MW01710973

Dessinons des chevaux

Marie-Odile Colatrella

VIGOT

Sommaire

Introduction

Comme toute méthode de dessin, celle-ci adopte un angle qui lui est propre. Elle met tout particulièrement l'accent sur la géométrie.

Elle conviendra à tous ceux qui n'ont pas le compas dans l'œil et ont besoin de repères chiffrés pour apprendre à dessiner. Elle n'est pas destinée à apprendre à dessiner toutes les races (et quelle méthode le pourrait ?), mais fournit des standards permettant d'appliquer des connaissances en géométrie de manière ludique et d'essayer plusieurs modes d'exploration de ce sujet fascinant qu'est le cheval.

Elle peut être utilisée de manière rigoureuse à partir du CM1, et a l'avantage non négligeable de familiariser l'enfant avec la géométrie, mais elle peut aussi être suivie comme n'importe quelle méthode classique de dessin par étapes. Chacun peut l'appliquer en regardant simplement les croquis et en essayant de les reproduire le mieux possible. Ceux qui souhaitent plutôt apprendre à croquer sur le vif seront plus intéressés par la deuxième partie. Enfin, vous découvrirez dans la troisième différentes techniques pour aller plus loin.

L'essentiel est de faire beaucoup d'exercices, de se faire plaisir et de progresser afin d'acquérir une meilleure confiance en soi. Notre époque tend à faire oublier qu'il n'est de talent sans travail et qu'il faut se remettre à l'ouvrage. Cela est valable dans tous les domaines, art inclus.

Que vous ayez de 8 à 88 ans, si vous prenez le temps de vous astreindre à ce travail parfois lent et rigoureux, vous constaterez que cet angle insolite d'approche pour un sujet vivant vous fera redécouvrir le cheval !

Dessiner un cheval grâce à la géométrie

Nous allons d'abord aborder quelques notions géométriques de base avant d'entrer directement dans le vif du sujet en expliquant comment dessiner pas à pas en 6 étapes 20 modèles de chevaux de face, de profil et de trois quarts.

À la fin de cette première partie, les éléments du cheval les plus difficiles à reproduire seront commentés plus en détail. Nous verrons alors que, de la silhouette du cheval à son œil, tout peut être décomposé en formes géométriques simples qui permettent de s'approprier son sujet !

Notions de géométrie de base et tracés de quelques figures simples

LES OUTILS

- × Un crayon graphite HB
- × Une règle graduée de 40 cm
- × Une équerre
- × Un compas
- × Une gomme
- × Des feuilles de format A4 blanches fines, éventuellement des feuilles quadrillées ou du papier millimétré et du scotch

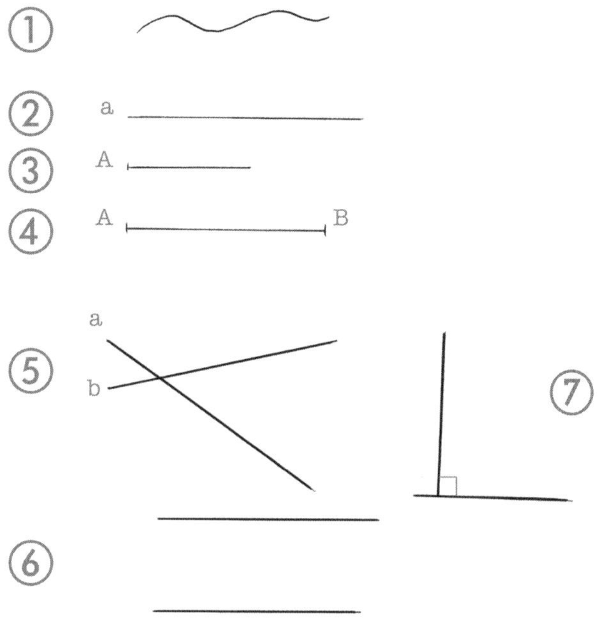

DÉFINITION D'UNE LIGNE ET D'UNE DROITE

× Une ligne peut être **courbe** (croquis 1), **brisée** ou **droite** (croquis 2).
× La droite est le plus court chemin entre deux points.
× Une droite limitée par deux points est un **segment** de droite (croquis 4), par un point, une **demi-droite** (croquis 3).
× Deux droites infinies se coupent en un point (croquis 5) sauf si elles sont parallèles (croquis 6).
× Deux droites qui se coupent forment un **angle** aigu ou obtus. Deux droites **perpendiculaires** forment un angle droit (croquis 7).
× Une ligne brisée fermée est un **polygone**.

À SAVOIR
Une ligne **bissectrice** est une ligne qui coupe un angle en deux parties égales. Par exemple, sur le triangle 2, (AX) est la bissectrice de $\widehat{BAC}$.

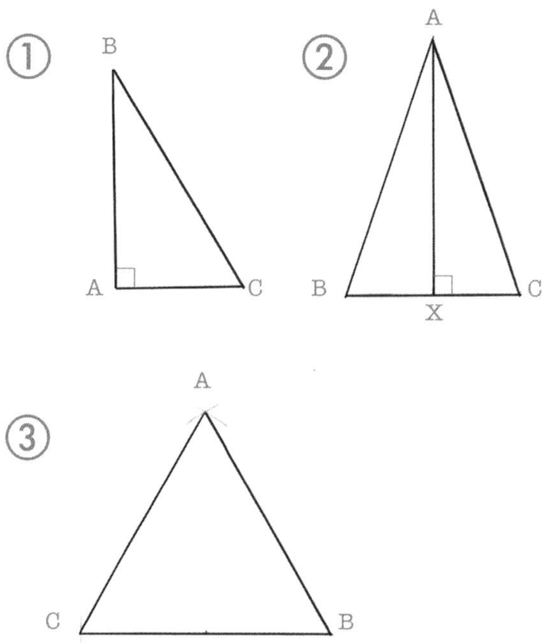

LE TRIANGLE

× Le triangle est un **polygone** formé de trois côtés.
× Le **triangle rectangle** comporte un angle droit (croquis 1). Il se trace avec une équerre.
× Le **triangle isocèle** (croquis 2) comporte deux côtés égaux. Celui-ci est composé de deux triangles rectangles.
Il est possible de procéder de la manière suivante :
– Tracer le segment de la base [BC].
– Le diviser en deux parties égales [BX] et [XC].
– En partant de X, tracer la perpendiculaire de la longueur voulue.
– Marquer A.
– Relier [AB] et [AC].
× Le **triangle équilatéral** ABC (croquis 3) a trois côtés égaux.
– On peut commencer par tracer la base [BC].
– Reprendre la dimension du segment avec un compas en plaçant la pointe en B et la mine sur C.
– Tracer un arc de cercle de rayon [BC] depuis B.
– Placer ensuite la pointe en C et tracer de nouveau un arc de cercle. Marquer A à l'intersection des deux arcs de cercle et relier ABC.

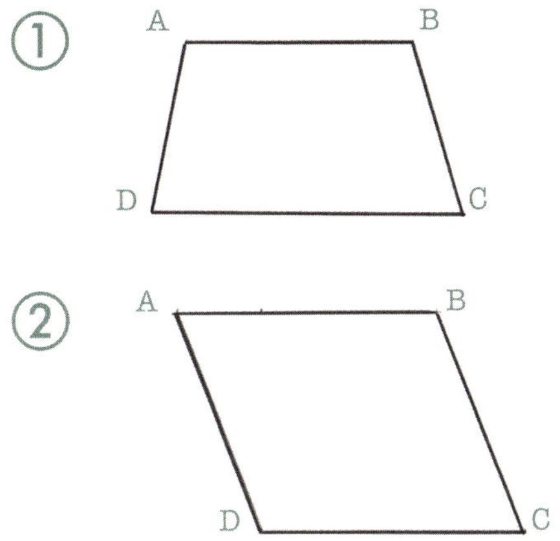

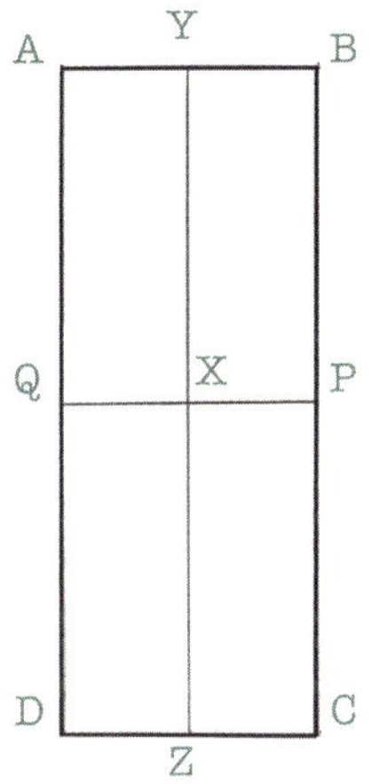

Le trapèze

× Le **trapèze** et le **parallélogramme** sont des **quadrilatères**.
× Le trapèze a deux côtés parallèles (croquis 1).
× Le parallélogramme est un trapèze dont les côtés opposés sont **parallèles et égaux** (croquis 2).

Le rectangle

× Le rectangle a quatre côtés, égaux deux à deux, ainsi que quatre angles droits.
× Il se trace de la même façon que le carré.
× Le rectangle ABCD (croquis ci-dessus) a deux **axes de symétrie** : (YXZ) et (QXP). Il s'agit de deux parties se superposant exactement par pliage.

Le carré

Le carré est un quadrilatère aux **quatre côtés** parallèles et égaux. Il possède quatre **angles droits**.
Pour tracer un carré au centre d'une feuille :
× Plier une feuille blanche en deux dans le sens horizontal, puis vertical, ou tracer ses diagonales. Le point d'intersection des deux plis (ou des diagonales) est le centre de la feuille. Marquer un point X.
× Pour tracer par exemple un carré de 10 cm de côté, mesurer 5 cm au dessus du point central X en suivant le pli vertical. Marquer un point P.
– Tracer le segment de droite [XP]. Prendre une équerre.
– Tracer un segment de droite [PA] de 5 cm perpendiculaire à [XP].
– Puis tracer [PB] long également de 5 cm.
– Tracer ensuite [BC], perpendiculaire à [AB], [CD], puis [DA].

TRACER UN CARRÉ DE 13,5 CM DE CÔTÉ EN BAS D'UNE FEUILLE A4
Commencer par positionner un point P sur le pli vertical de la feuille, mais cette fois-ci à 2 cm du bas.
Tracer la base du carré [BA] en positionnant la règle afin qu'elle soit bien parallèle au bord inférieur de la feuille.
Le point P doit être situé entre les graduations 6,5 et 7 cm.
Continuer avec le côté [AD], puis [DC], et [CB].
Une fois le carré réalisé, vérifier que les côtés sont bien tous perpendiculaires et égaux.

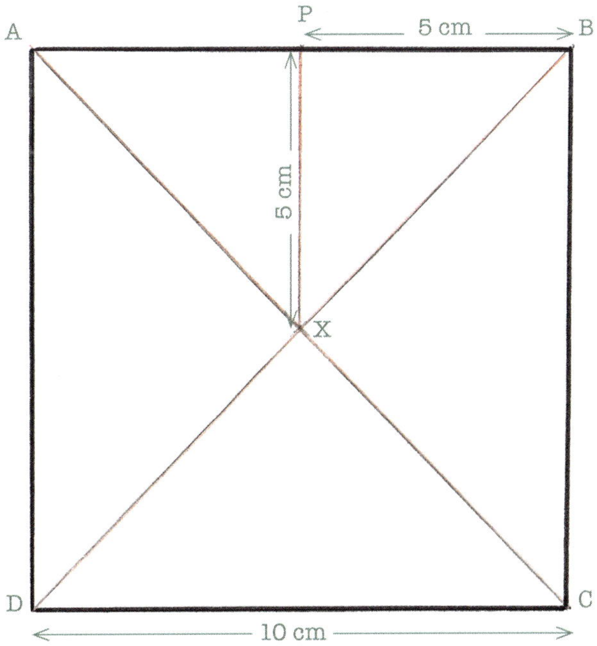

ASTUCE
Une feuille à carreaux scotchée en dessous d'une feuille blanche assez fine est une aide précieuse pour tracer un carré.

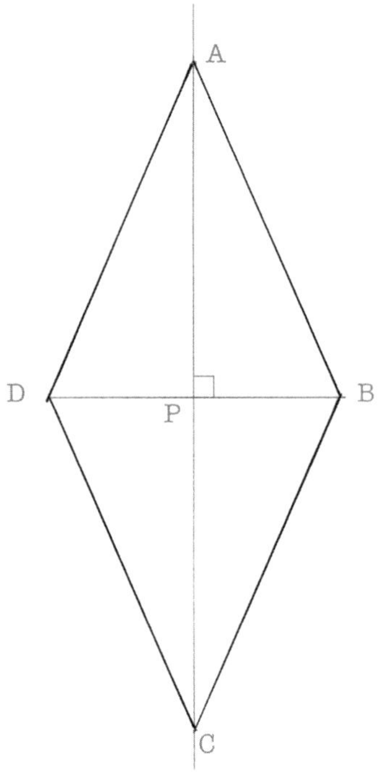

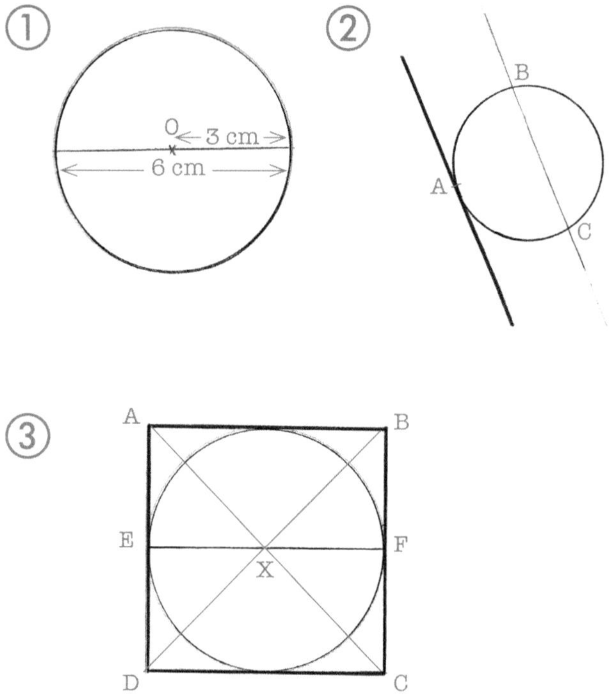

Le losange

Le losange est un quadrilatère dont les **côtés** ont la même longueur. Ses diagonales sont perpendiculaires en leur milieu.

× Pour trouver le centre du losange et ses perpendiculaires, plier une feuille en quatre.

× Tracer une droite verticale sur la pliure et marquer un point P au centre à l'intersection. Tracer une autre droite perpendiculaire à la première et passant par P (pliure horizontale).

× Au-dessus de P (par exemple à 10 cm), marquer A.

× Reprendre la même distance et 10 cm au-dessous de P, marquer C. P est **équidistant** de A et C.

× Marquer B sur la droite horizontale de façon à ce que [AB] soit supérieur à [AP], par exemple 11 cm.

× Tracer [BC], puis [CD] de façon à ce que [PD] = [PB], et enfin [DA].

On obtient un losange de 11 cm de côté. Il existe plusieurs possibilités et d'autres façons de le tracer, en se servant par exemple d'un compas. Pour tracer un losange donné, il est nécessaire de connaître la dimension de ses diagonales. Si les diagonales sont d'égale longueur, il s'agit alors d'un **carré**.

LE CERCLE

× Le cercle de centre O dessiné ci-dessus (échelle 1/2) fait 6 cm de diamètre, et donc 3 cm de rayon. L'écartement des deux extrémités du compas correspond au rayon du cercle.

× Une droite **tangente** à un cercle a un seul point commun avec celui-ci (croquis 2, point A). Une droite **sécante** coupe un cercle en deux points distincts (croquis 2, points B et C).

× **Pour inscrire un cercle** dans un carré ABCD, tracer les diagonales du carré et marquer X sur le point d'intersection. Mesurer avec le compas la distance entre X et le côté [AB]. Il s'agit du rayon du cercle. Ce cercle est tangent aux côtés [AB], [BC], [CD] et [DA], et son diamètre est équivalent à la longueur des côtés. On peut également calculer le milieu de chaque côté, tracer le segment [EF], marquer X au centre de ce segment et tracer le cercle de rayon [EX] (croquis 3).

× On peut tracer un certain nombre de courbes en **raccordant** des arcs de cercle ou des arcs de cercle et des droites.

À SAVOIR

L'échelle est le rapport de la dimension du dessin par rapport à la dimension réelle. Une échelle de 1/2 signifie que 1 cm sur le croquis correspond à 2 cm sur le dessin réalisé sur une feuille A4. Les cotations indiquées sur le dessin sont les dimensions réelles : ainsi, le diamètre doit faire 6 cm sur le dessin réalisé, mais mesure 3 cm sur le croquis (échelle 1/2).

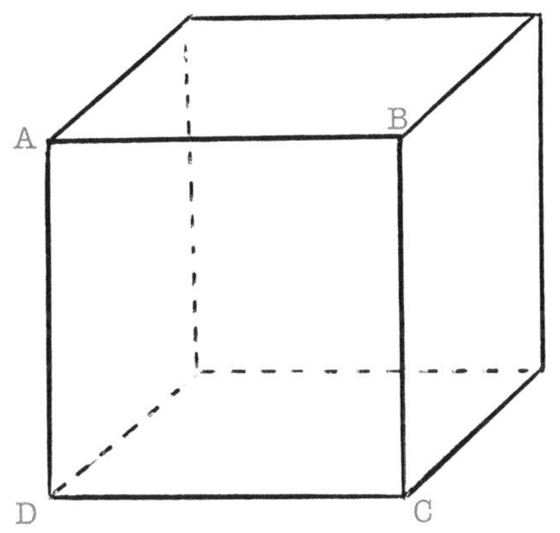

Le cube

× Le cube est un solide composé de six **faces carrées identiques**, de douze arêtes d'égale longueur et de huit sommets.
× Pour représenter un cube, il est nécessaire de dessiner d'abord un carré ABCD (voir ci-dessus). Puis procéder comme ci-dessous pour le pavé.

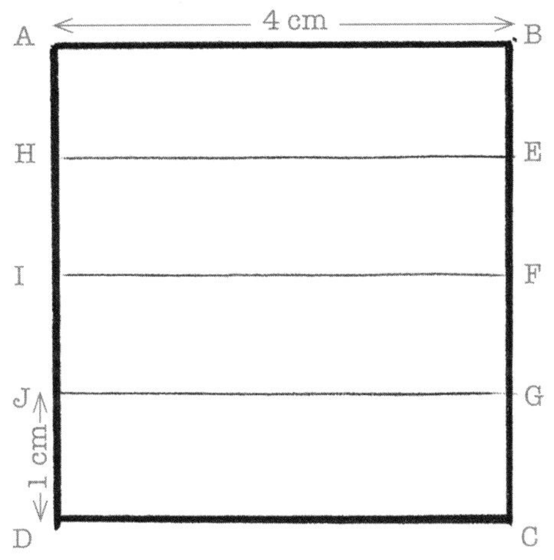

DIVISER UN PLAN EN PARTIES ÉGALES ↑

Le carré ABCD ci-dessus est divisé en quatre parties égales. Pour ce faire, sur les côtés [BC] et [AD] de 4 cm, on a marqué un point tous les 1 cm, et on a relié les segments [HE], [IF] et [JG].

Le pavé →

Le pavé est aussi nommé **parallélépipède rectangle**. Il a six faces **rectangulaires**, douze arêtes et huit sommets. Il se trace de la même façon que le cube, en partant cette fois-ci d'un rectangle :

× Tracer un rectangle ABCD de 4 x 8 cm de côté.
× Marquer le point E à 1 cm de A sur le segment [AB].
× Tracer [EF] perpendiculaire à [AB], long de 1 cm.
× Relier F à A. Tracer [FG], long de 4 cm et parallèle à [AB], puis [GB].
× En partant de G, tracer [GH] parallèle à [BC], et long de 8 cm, puis [HC].
× Pour figurer la zone cachée en pointillés, tracer [HI] parallèle à [CD] et de même longueur, et enfin [FI] et [DI].

ASTUCE
Il est plus facile au début de dessiner cubes et pavés sur des feuilles de papier quadrillé (voir page 64).

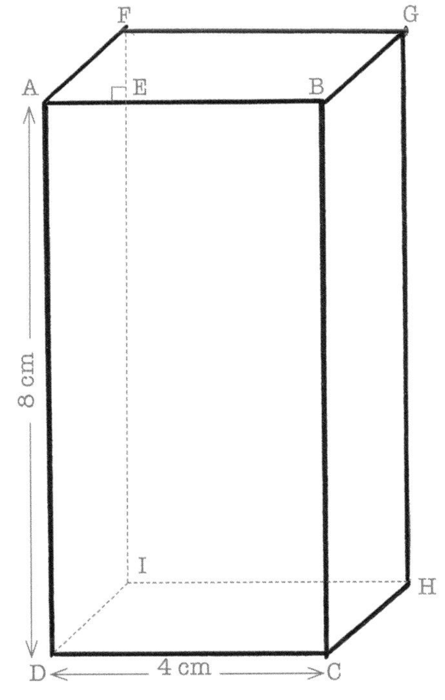

La tête de cheval de profil

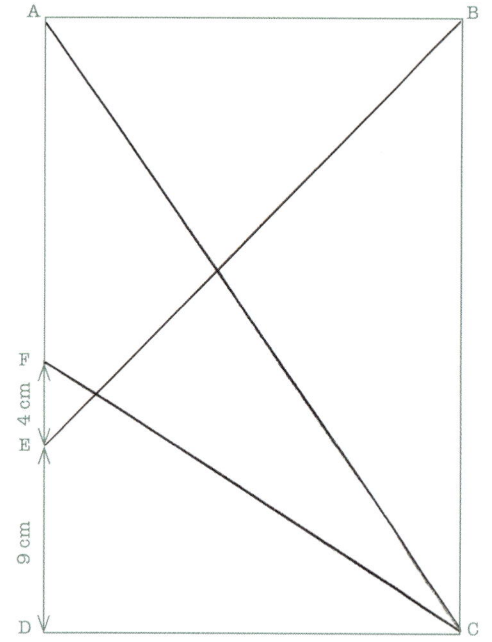

↑ ①

× Sur une feuille de format A4 prise dans le sens de la hauteur, marquer les points ABCD sur les quatre coins en commençant en haut à gauche.
× Tracer une diagonale reliant A à C.
× Sur le bord gauche, 9 cm au dessus de D, marquer le point E. 13 cm au dessus de D, marquer le point F.
× En partant de E, tracer une ligne droite finissant en B (coin supérieur droit).
× En partant de F, tracer une ligne droite finissant en C (coin inférieur droit).

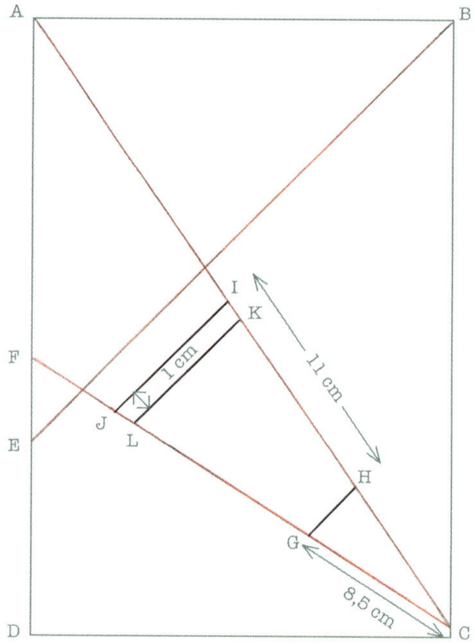

↑ ②

× En partant de C, mesurer 8,5 cm sur le segment [FC]. Marquer le point G.
× En partant de C, mesurer la même distance sur la diagonale [AC]. Marquer le point H.
× Relier G et H.
× En partant de H, mesurer 11 cm sur la diagonale [AC]. Marquer le point I.
× Tracer le segment [IJ] parallèle à [EB], de manière à former un trapèze.
× À l'intérieur du trapèze GHIJ, à 1 cm de [IJ], tracer le segment [KL], parallèle à [IJ].

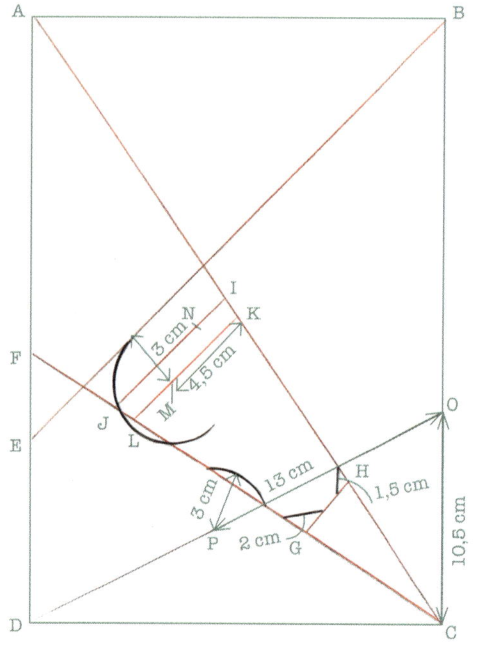

← ③

× Sur [KL], à 4,5 cm de K, marquer M.
× Tracer un demi-cercle de centre M, de rayon 3 cm. Il est tangent à [BE] et coupe [FG] en deux points.
× Marquer un point N sur [IJ] à 2 cm de I.
× 10,5 cm au-dessus de C, sur le bord vertical de la feuille, placer O. Joindre O et D.
× Sur [OD], à 13 cm de O, marquer P.
× En partant de P, tracer un arc de cercle de rayon 3 cm. Ne dessiner que la circonférence au dessus de [FC].
× Tracer deux petits segments de droite comme indiqué au dessus de G et H pour former deux petits triangles isocèles.

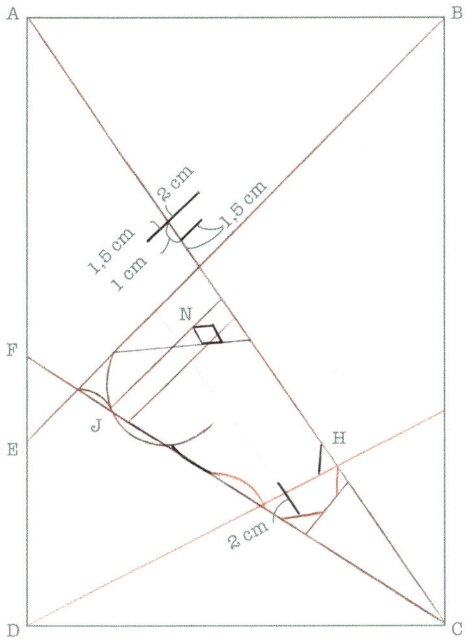

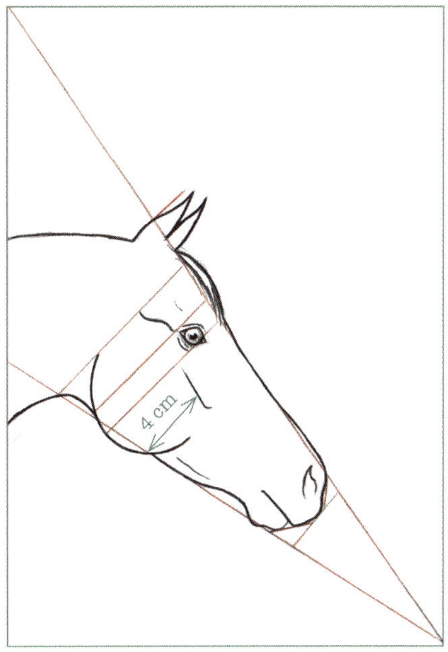

↑ ④

× Sur [AC], 1,5 cm au-dessus de l'intersection entre [AC] et [EB], tracer un segment de droite de 1,5 cm parallèle à [EB] vers la droite.
× Tracer un deuxième segment de droite parallèle 1 cm plus haut. Sa longueur totale est de 3,5 cm (2 cm à droite de [AC], 1,5 cm à gauche).
× En partant de N, dessiner le losange de l'œil (1 cm de côté).
× Tracer la bouche, parallèle à [AC] (2 cm de long).
× Tracer la ligne du naseau (2 cm au dessus de H, parallèle à la ligne du nez).
× En partant de J, dessiner l'arc de cercle de la gorge.

↑ ⑤

× À environ 4 cm de [FC] et parallèle à [AC], tracer la ligne de l'apophyse zygomatique dans le prolongement de la ligne de la bouche.
× Au-dessus de cette même ligne, tracer le S au-dessus de l'œil.
× Dessiner le haut des oreilles sous les deux petits segments de droite placés sur la diagonale.
× Transformer les lignes droites en courbes légères. La base du chanfrein dépasse légèrement au-dessus du quadrilatère GHIJ.
× Donner du relief au menton en dessinant le pli.
➤ *Pour l'œil, voir également page 62.*

⑥ →

× Une fois le dessin fini, repasser les contours au feutre ou au fusain et effacer les lignes de construction. La crinière retombe souvent des deux côtés.
× Ensuite, il reste à ajouter des ombres pour donner du relief (voir cette technique page 84).
× À noter : le creux de la salière et l'ombre formée par la joue et la ganache, ainsi que celle de l'encolure.
➤ *Voir également le tracé de la tête dans l'autre sens page 64.*

Le cheval en pied de profil

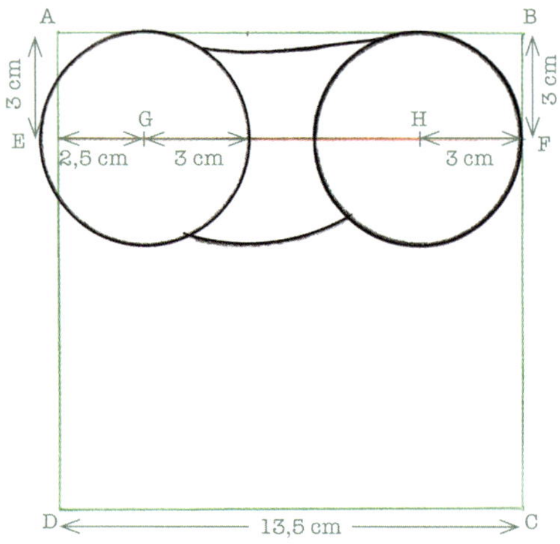

↑ ①

× Tracer au crayon de papier un carré ABCD (voir page 9) de 13,5 cm de côté.
× Sur le côté [AD], marquer le point E à 3 cm de A, et sur le côté [BC], marquer le point F à 3 cm de B.
× Tracer [EF], parallèle à [AB]. Sur le segment [EF], marquer le point G à 2,5 cm de E et le point H à 3 cm de F.
× Tracer deux cercles de 3 cm de rayon, l'un de centre G, l'autre de centre H.
× Dessiner deux lignes courbes pour relier les deux cercles, qui formeront le dos et le ventre du cheval.

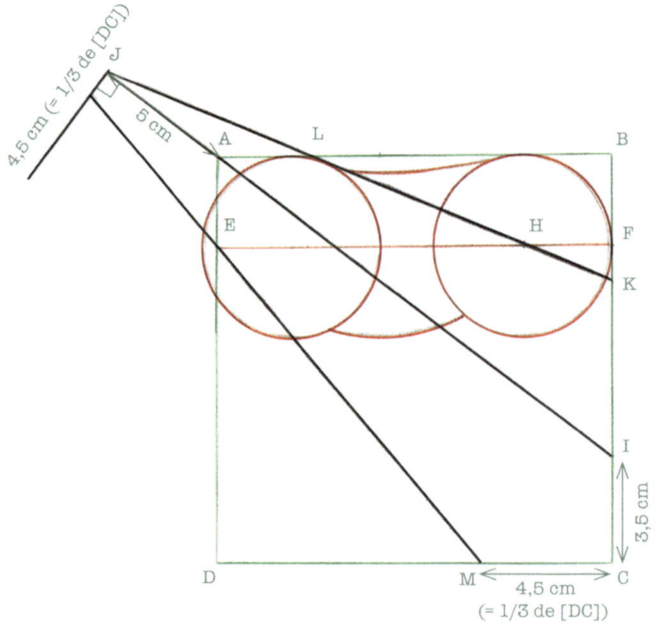

↑ ②

× Sur le côté [BC] du carré, marquer le point I, à 3,5 cm de C.
× Tracer le segment [IA] et le prolonger sur 5 cm après A, jusqu'au point J.
× Tracer le segment [JH], tangent au premier cercle, et le prolonger jusqu'à [BC], qu'il coupe en K. Le point d'intersection de [JK] et de [AB] est L.
× À partir du point J, tracer une perpendiculaire à [IJ] de 4,5 cm de long (ligne du chanfrein).
× Sur le côté [DC], à 4,5 cm de C, marquer M. Tracer [ME] et prolonger cette demi-droite jusqu'au segment du chanfrein.

← ③

× Sur [IB], à 1 cm de I, marquer le point N. Sur [AD], à 4,5 cm de D, marquer O. Tracer [NO], parallèle à [CD].
× Tracer également la parallèle à [AD] passant par G.
× Sur le segment [NO], tracer quatre petits cercles comme indiqué sur croquis (diamètre 1 cm). Ces cercles correspondent aux genoux et aux jarrets du cheval (voir page 94).
× Relier les petits cercles à la partie haute du corps, pour former les membres. Placer aussi la base de la queue qui coupe [BF] en son milieu.

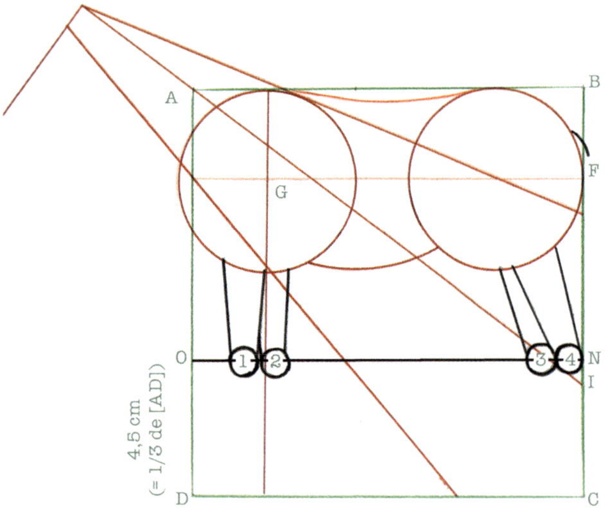

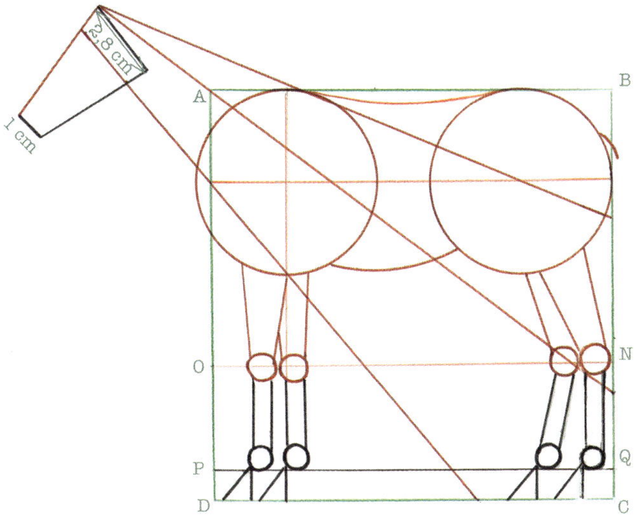

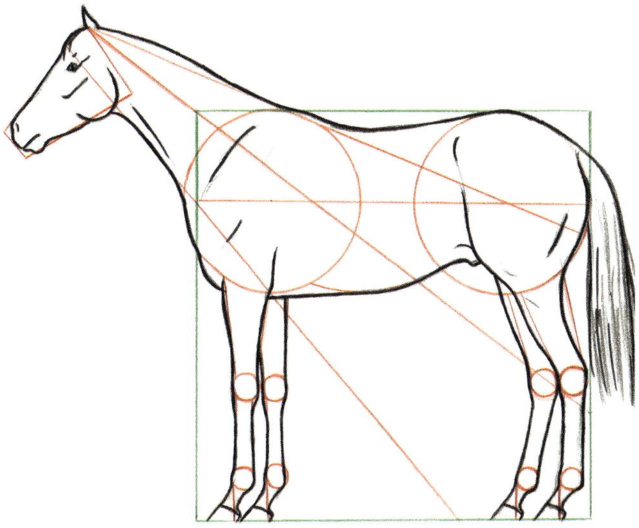

↑ 4

× Dessiner un trapèze correspondant à la tête (voir pages 12 et 64), de 1 cm sur son côté le plus étroit et 2,8 cm pour le segment opposé et parallèle.
× Sur le segment [AD], à 1 cm de D, marquer le point P. Sur le segment [BC], à 1 cm de C, marquer le point Q. Tracer le segment [PQ] parallèle à [DC].
× Disposer les cercles des boulets (7 mm de diamètre) au-dessus et tangents à ce segment.
× Relier les cercles des boulets et des genoux par deux segments parallèles espacés d'environ 5 mm.
× Ajouter les petits triangles des sabots (voir page 66 pour le dessin des membres).

↑ 5

× Au crayon, transformer le « robot » en cheval vivant en ajoutant des lignes courbes comme indiqué (voir page 66 pour les parties délicates). Recommencer plusieurs fois si nécessaire avant de repasser les contours au feutre ou au fusain et de gommer les lignes de construction, ou de décalquer le dessin sur une autre feuille.
× Noter l'arc de cercle de la partie supérieure de l'encolure, celui du poitrail et du passage de sangle.

6 →

× Essayer de donner le plus de volume possible avec les ombres (voir pages 84 à 89), en particulier celles du ventre, de la cuisse et des épaules. Le milieu de l'encolure est un peu creusé. Selon les races, ces standards varient. L'encolure d'une jument est généralement plus fine que celle d'un étalon.

SE SERVIR DU COMPAS JUSQU'AU BOUT
Il est possible de tracer la ligne du ventre à l'aide d'un compas en plaçant la pointe sur le côté [AB] à 5,5 cm de A et en traçant un arc de cercle de 6 cm de rayon. Celle du dos se creuse au maximum de 5 mm par rapport à [AB].

Le cheval au pas de profil

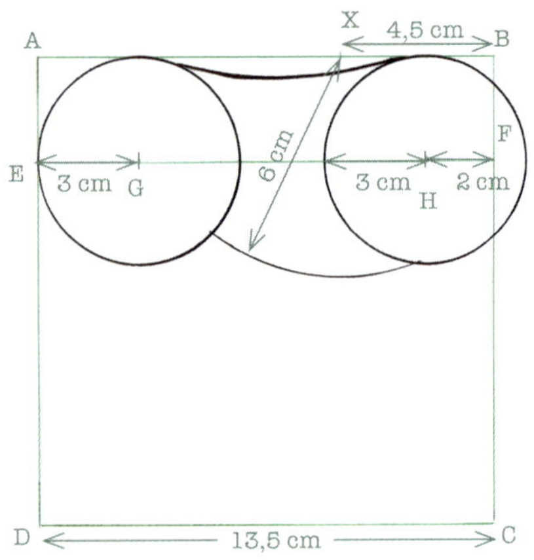

↑ ①

× Tracer un carré ABCD de 13,5 cm de côté et un segment [EF] comme pour le cheval à l'arrêt (page 14).
× Marquer le point G à 3 cm de E et le point H à 2 cm de F sur le segment [EF].
× Tracer les cercles de centres G et H de rayon 3 cm. Le cercle de droite dépasse de 1 cm vers la droite de [BC].
× Relier les deux cercles par des lignes courbes en haut et à leur base. Marquer un point X à 4,5 cm de B permet de tracer l'arc de cercle du ventre au compas (rayon 6 cm).

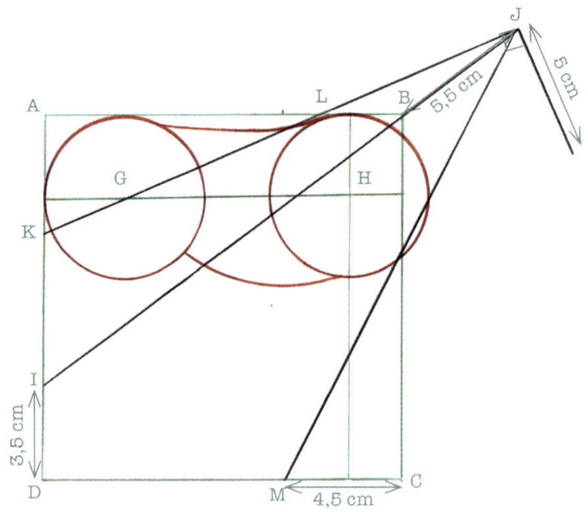

↑ ②

× Sur le côté [AD], à 3,5 cm de D, marquer le point I.
× Tracer le segment [IB] et le prolonger sur 5,5 cm après B, jusqu'au point J.
× Tracer (GJ). Elle coupe [AD] en K et [AB] en L.
× Sur [DC], à 4,5 cm de C, marquer le point M. Tracer [MJ]. Ce segment passe par le point où le cercle de centre H coupe le côté [BC] (intersection basse).
× À partir du point J, tracer le segment du chanfrein (de longueur 5 cm), perpendiculaire à [LJ].

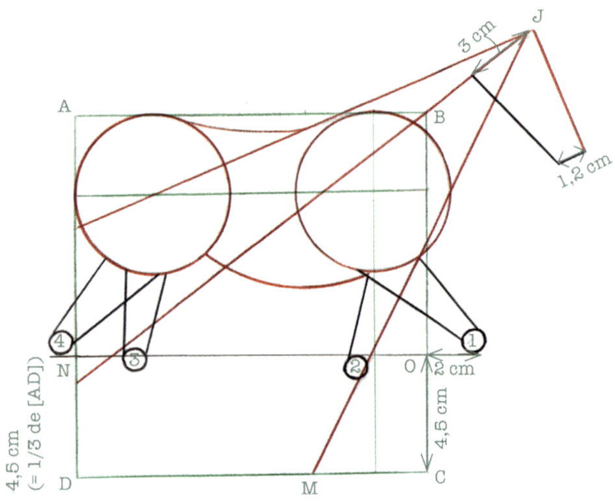

← ③

× Dessiner le quadrilatère de la tête (voir page 12). Sa partie la plus large – sur le segment [BJ] – fait 3 cm, la moins large, 1,2 cm.
× Marquer les points N et O 4,5 cm au-dessus de C et D, et tracer le segment [NO], prolongé de 2 cm en O et de 1 cm en N. Tracer le cercle 2, tangent à [NO] et à [MJ].
× Tracer le cercle 3, coupant [NO]. Son centre est à environ 8,5 cm du cercle 2.
× Tracer les cercles 1 et 4 à l'extérieur du carré au-dessus et tangents à (NO).
× Relier les cercles des articulations au grand cercle correspondant. Les lignes s'évasent légèrement vers le haut.

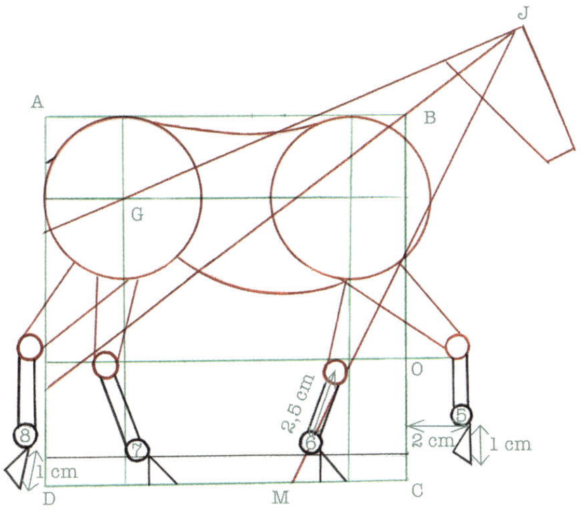

④

× Tracer les cercles des boulets. Le cercle 5 se situe sous une droite passant par A et O, à 2 cm du côté droit du carré.
× Le cercle 6 est sur [JM]. Son centre est à 2,5 cm du cercle 2.
× Le cercle 7 est tangent à une parallèle à [AD] passant par G.
× Le cercle 8 est un (tout petit) peu plus haut que le cercle 6. Son centre est à 1 cm de [AD].
× Terminer les membres avec les petits triangles des sabots (voir page 66). Le côté avant du petit triangle (1 cm) est dans le prolongement du canon pour les deux membres levés.

⑤

× En observant le mieux possible le dessin, ajouter les lignes courbes (voir si besoin pages 66 à 69 pour plus de précisions sur les membres).
× Pour le tracé de la tête, noter qu'elle est ici est très légèrement tournée : l'œil se situe donc plus au centre et les oreilles sont également plus écartées à cause de la perspective (voir page 80).
× Pour la même raison, le postérieur droit peut paraître légèrement plus long que l'antérieur gauche.

⑥

× Effacer les lignes de construction et ajouter les ombres (voir pages 84 à 87).

BIEN PLACER LES CERCLES DES ARTICULATIONS

➤ Sur tous les chevaux en mouvement, la difficulté consiste à trouver l'emplacement des articulations. Il est non seulement utile de trouver des points de repère en prolongeant les lignes déjà tracées, mais il est également profitable de commencer à s'exercer à le faire à l'œil en veillant à respecter une longueur égale pour les canons et les jarrets. Les canons font ici 1,8 cm de long, et les jarrets, 2,5 cm.

➤ Les cercles des genoux font 1 cm de diamètre, et ceux des boulets 7 mm.

Le cheval au trot de profil

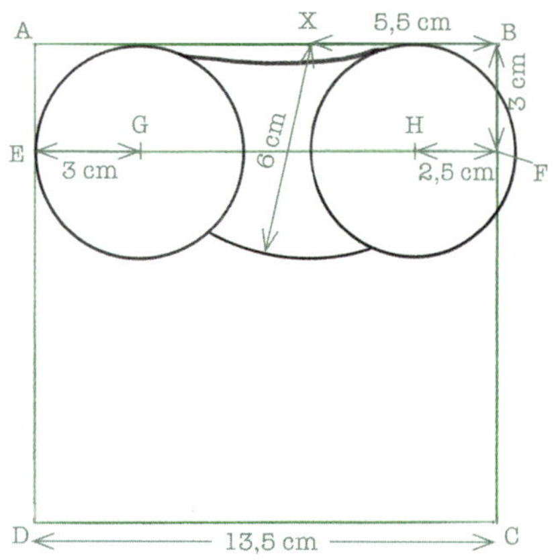

↑ ①

× Tracer un carré ABCD de 13,5 cm de côté, et un segment [EF] parallèle à [AB] à 3 cm de celui-ci.
× Marquer le point G à 3 cm de E et le point H à 2,5 cm de F sur le segment [EF].
× Tracer deux cercles de 3 cm de rayon et de centres G et H.
× Relier les cercles par des lignes courbes. Pour tracer le ventre au compas, marquer le point X sur le côté [AB] à 5,5 cm de B, et tracer un arc de cercle de centre X et de rayon 6 cm.

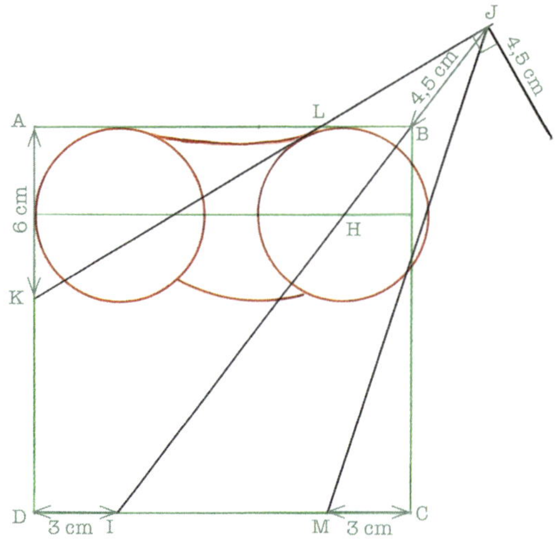

↑ ②

× Sur le côté [DC], à 3 cm de D, marquer le point I. Tracer le segment [IB] passant par H et le prolonger de 4,5 cm jusqu'au point J.
× Sur le segment [AD], à 6 cm de A, marquer K. Tracer [KJ], tangent au cercle de centre H, coupant [AB] en L.
× En partant de J, tracer un segment perpendiculaire à [KJ] de 4,5 cm de long (chanfrein).
× À 3 cm de C sur le segment [DC], marquer le point M, et tracer [JM].

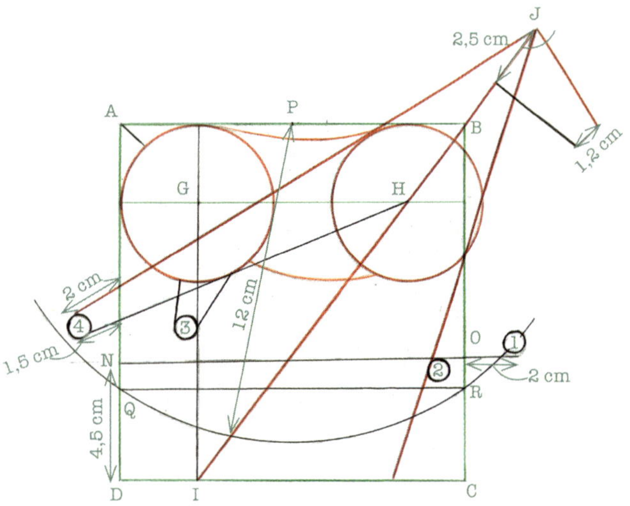

← ③

× Tracer le quadrilatère de la tête. Son côté le moins large fait 1,2 cm, le plus large – situé sur [IJ] – 2,5 cm.
× Tracer le segment [NO], parallèle à [DC], à 4,5 cm de celui-ci, et le prolonger de 2 cm en O.
× Au milieu de [AB], marquer P. Tracer un arc de cercle de centre P de rayon 12 cm. Il coupe [AD] en Q et [BC] en R. Tracer [QR].
× Prolonger [JK] de 2 cm en K. Tracer la tangente au cercle de centre G partant de H et la prolonger de 1,5 cm à l'extérieur du carré.
× Tracer (IG) parallèle à [AD], puis placer les cercles des articulations des genoux (diamètre 1 cm).
× Marquer la base de la queue en A.

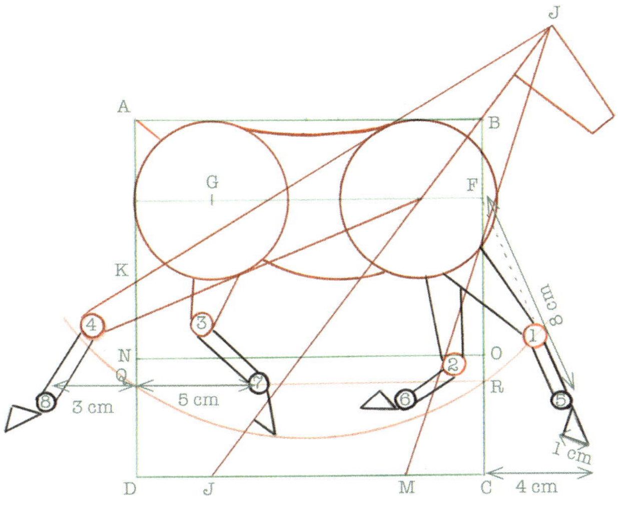

↑ 4

× Prolonger si besoin le segment [QR] de 3 cm de chaque côté du carré et tracer les cercles des boulets (diamètre 6 mm) en les situant par rapport à celui-ci (voir croquis) : le cercle 7 a son centre sur [QR] à 5 cm de Q, et ceux des trois autres membres sont situés au-dessous de (QR). Le centre du cercle 6 se situe sur une verticale parallèle à [BC] passant par M (3 cm au dessus de M).

× Relier les cercles pour esquisser les membres et dessiner les triangles des sabots. Ils sont tous rectangles (côtés de 1 cm en angles droits).

↑ 5

× Il ne reste plus qu'à transformer cette forme sommaire en cheval « vivant » en ajoutant notamment l'arc de cercle prononcé de la ligne supérieure de l'encolure et celui du poitrail, quasiment identique à celui du cheval en pied (pages 14-15). La queue est ici portée très haute (cheval arabe).

× Une petite variante sur la tête de profil : la ligne du chanfrein n'est pas droite et l'œil est placé un peu plus haut que page 12. Rien n'empêche de la dessiner comme page 13. Selon les races, la longueur maximale du chanfrein sera de 5 cm pour un carré de 13,5 cm de côté.

6 →

× Ajouter les ombres (voir également pages 84 à 87). Le dessin est fini !

BIEN PLACER LES CERCLES DES ARTICULATIONS

Ces cercles sont difficiles à situer. Ne pas hésiter à prolonger ou ajouter des lignes si besoin. Noter en particulier que :

➤ Le cercle du genou (1) se situe 2 mm au dessus de (NO). Le cercle 2 est à la fois tangent à [NO] et à [JM].

➤ Les deux cercles des jarrets postérieurs sont à la même hauteur : le cercle 4 est situé entre [JK] et la droite partant de H, le cercle 3 est (presque) tangent à [GI].

➤ En prolongeant le côté [DC] de 4 cm sur la droite et en reliant l'extrémité obtenue à F, on trouve l'orientation du canon de l'antérieur gauche. Le cercle du boulet gauche (5) est aussi tangent à cette droite (centre à 8,3 cm de F).

Le cheval au galop de profil

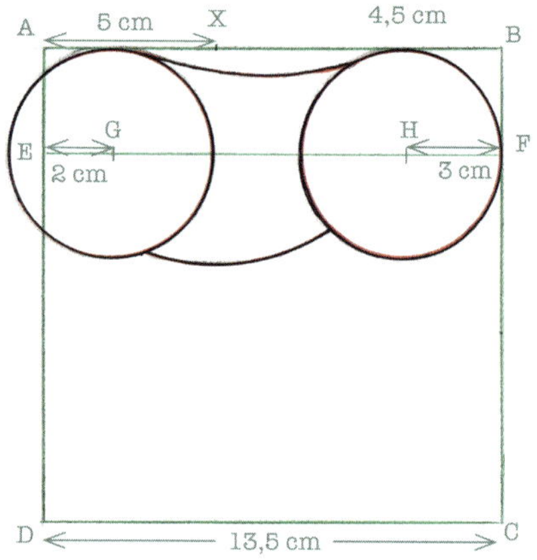

↑ ①

× Tracer un carré ABCD de 13,5 cm de côté, et un segment [EF] parallèle à [AB] et distant de 3 cm.
× Marquer le point G à 2 cm de E, et le point H à 3 cm de F sur le segment [EF]. Tracer les cercles de centres G et H et de rayon 3 cm. Le cercle de gauche dépasse de 1 cm à l'avant du carré.
× Relier les deux cercles à leur base par des lignes courbes. Un point X situé à 5 cm de A sur [AB] peut servir à tracer le ventre avec un compas (voir page 15).

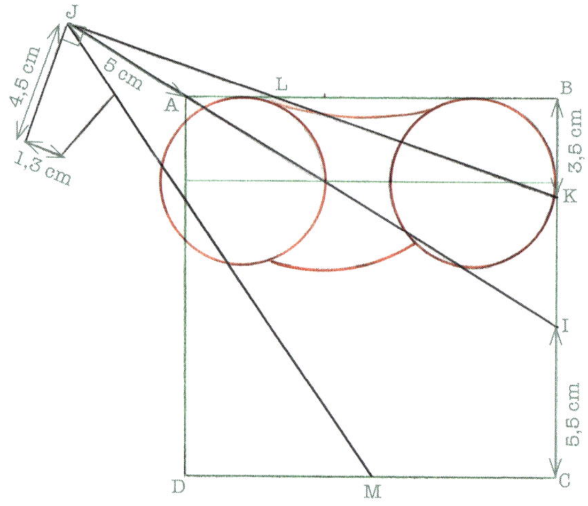

↑ ②

× Sur [BC], à 5,5 cm de C, marquer le point I. Tracer le segment [IA], le prolonger de 5 cm après A et marquer J.
× Sur [BC], à 3,5 cm de B, marquer le point K et tracer le segment [KJ]. Il coupe [AB] en L.
× Au milieu du segment [DC] marquer le point M et tracer [MJ].
× En J, tracer un segment perpendiculaire à [KJ], long de 4,5 cm. Tracer le quadrilatère de la tête. Sa partie la plus large fait 3 cm, la moins large, 1,3 cm.

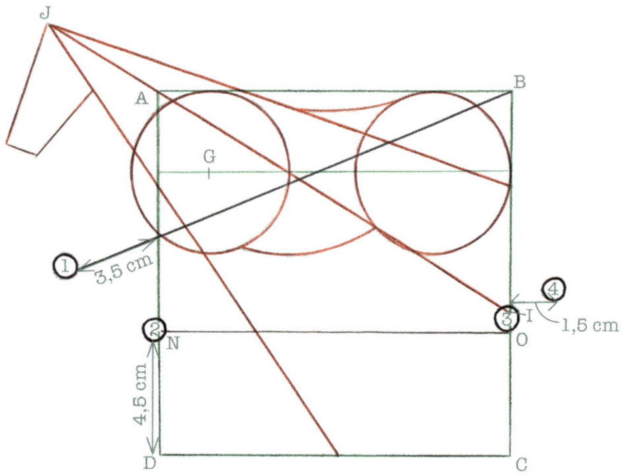

← ③

× En partant de B, tracer le segment reliant le point d'intersection bas du cercle de centre G avec le segment [AD] et le prolonger de 3,5 cm.
× Au-dessus de l'extrémité de ce segment et tangent à lui, tracer le cercle 1 (diamètre 1 cm).
× Sur le coté [AD], à 4,5 cm de D, placer N. Sur le côté [BC], à 4,5 cm de C, placer O. Tracer [NO] parallèle à [DC].
× Autour de N, placer le cercle 2. Autour de I et tangent à [NO], placer le cercle 3 (voir croquis).
× Le centre du cercle 4 se situe 1 cm au-dessus et 1,5 cm à droite de celui du cercle 3.

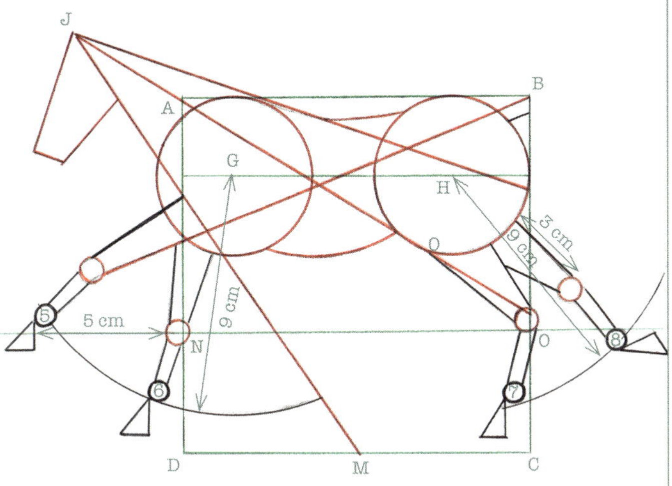

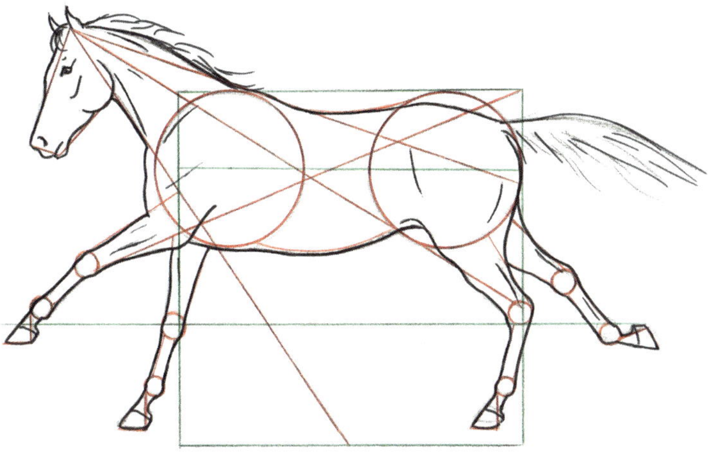

4

× Tracer un quart de cercle de centre G de rayon 9 cm depuis [JM], coupant [AD], et se prolongeant un peu au-delà de (NO).
× Tracer de même un arc de cercle en partant de H. Il coupe [BC] et (NO).
× Tracer les cercles des boulets (5, 6, 7 et 8) en observant leur position par rapport aux deux arcs de cercle.
× Relier les cercles des boulets et des genoux. Les canons font environ 2 cm de long et 5 mm de large.
× Tracer les triangles formant les sabots en observant bien leur orientation (voir page 66).
× Marquer la base de la queue à quelques millimètres sous B sur [BC].

5

× Avec l'aide des lignes de construction, tracer les contours du corps en vous inspirant du modèle ci-dessus.
× Comme pour le cheval au trot (page 18), [AJ] est de la même longueur que le segment du chanfrein.
➤ *Voir également la tête de profil page 37. Celle-ci est très légèrement tournée comme pour le cheval au pas (page 16).*
➤ *Certaines parties délicates du cheval sont traitées pages 66-67.*

6

× Il reste à ajouter les ombres. La source de lumière provient de la droite.
➤ *Voir également page 79.*

BIEN PLACER LES BOULETS
➤ Les cercles des boulets ont un diamètre de 7 mm.
➤ Les centres des cercles 5 et 8 sont situés sur le premier et le second arcs de cercle, les cercles 6 et 7 sont tangents aux arcs de cercle. Le centre du cercle 6 est à 1 cm de [AD] sur une parallèle à (NO).

Le cheval broutant de profil

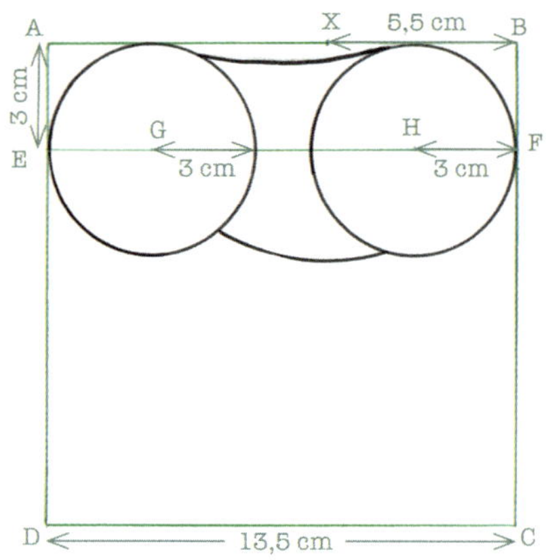

①

× Tracer un carré ABCD de 13,5 cm de côté, et un segment [EF] parallèle à [AB] et distant de 3 cm.
× Marquer G à 3 cm de E et H à 3 cm de F sur le segment [EF].
× Tracer deux cercles de rayon 3 cm et de centres G et H.
× Relier les deux cercles par les lignes courbes formant le dos et le ventre.
× Un point X situé à 5,5 cm de B sur [AB] peut servir à tracer le ventre avec un compas (voir page 18).

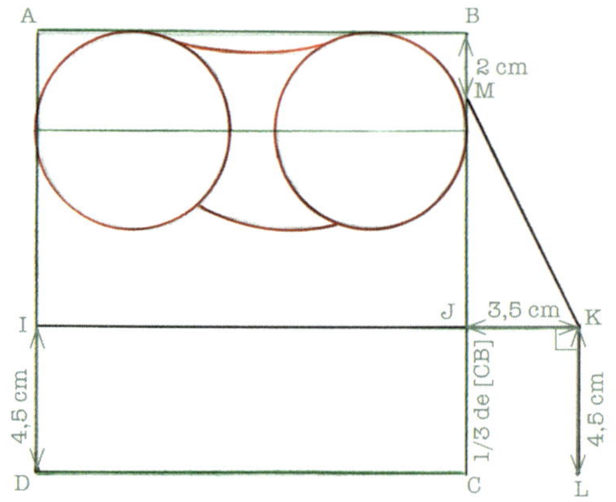

②

× Sur le côté [AD], à 4,5 cm de D (1/3 de la longueur d'un côté), marquer le point I.
× Sur le côté [BC], à 4,5 cm de C, marquer le point J.
× Tracer le segment [IJ] parallèle à [DC] et le prolonger de 3,5 cm en J. À l'extrémité, marquer le point K.
× En partant de K, tracer le segment [KL], long de 4,5 cm, vers le bas, parallèle à [JC].
× Sur le côté [BC], à 2 cm de B, marquer le point M. Tracer le segment [MK].

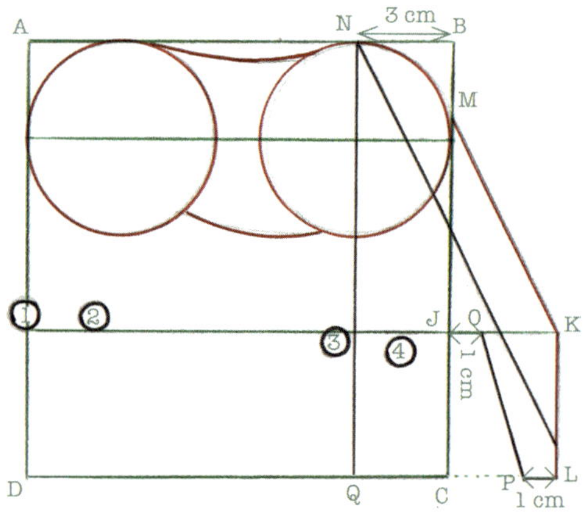

③

× Sur le côté [AB], à 3 cm de B, marquer N. En partant de N, tracer la parallèle à [MK] jusqu'à son intersection avec [KL].
× Sur le segment [JK], à 1 cm de J, marquer O. Tracer [CL], et à 1 cm de L, marquer P. Tracer [OP], pour former le trapèze de la tête.
× En partant de N, tracer [NQ] parallèle à [BC].
× Placer ensuite les cercles 1 à 4 correspondant aux genoux et jarrets comme indiqués sur le croquis.

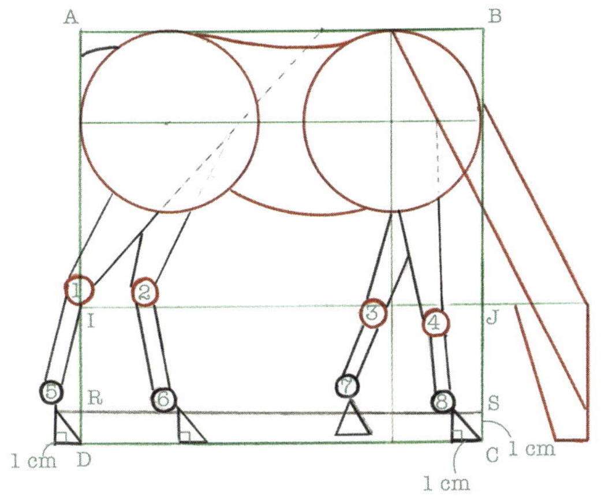

↑ ④

× Sur les côtés [AD] et [BC], marquer R et S à 1 cm de [DC]. Tracer [RS] et prolonger le segment de 1 cm sur sa gauche.
× Tracer les cercles des boulets (5, 6, 7 et 8), de diamètre 7 mm, et terminer l'esquisse des membres en reliant les boulets aux genoux et les genoux au corps du cheval. Placer les triangles des sabots.
× Placer la base de la queue (dans le coin supérieur gauche du carré).

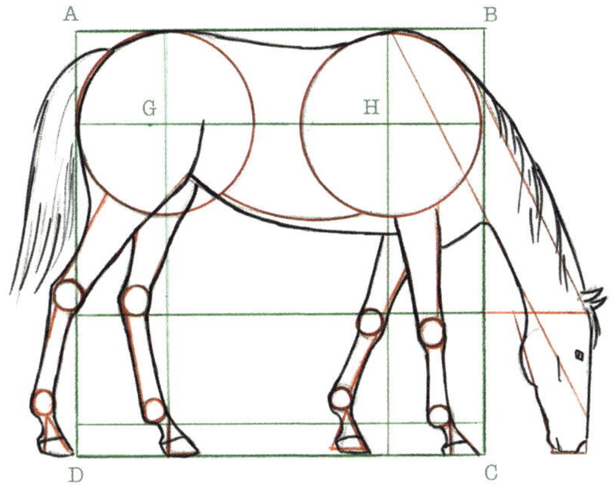

↑ ⑤

× Tracer une droite parallèle à [AD] passant par G.
× Tracer un arc de cercle de centre H de rayon 4 cm qui coupe [BC] et rejoint l'avant-bras droit du cheval.
× Affiner le dessin du cheval en prenant les lignes de construction comme repères. Attention, noter que le ventre du cheval est plus aplati dans cette position.

⑥ →

× Ajouter les ombres et les lumières. Ici, un exemple de contre-jour (source de lumière située en face du spectateur).

BIEN PLACER LES CERCLES DES ARTICULATIONS

➤ Les cercles des genoux 1 et 2 sont au-dessus et tangents à (IJ) (même intervalle entre les centres de 1 et 2 que entre ceux de 3 et 4, soit 2 cm). Le cercle 3 coupe (IJ) et le cercle 4 est presque tangent, légèrement au-dessous.

➤ Les triangles des sabots sont tous rectangles sauf celui situé sous le cercle 7, qui est isocèle. Ils mesurent 1 cm de haut sur 1 cm à leur base.

Le cheval cabré de profil

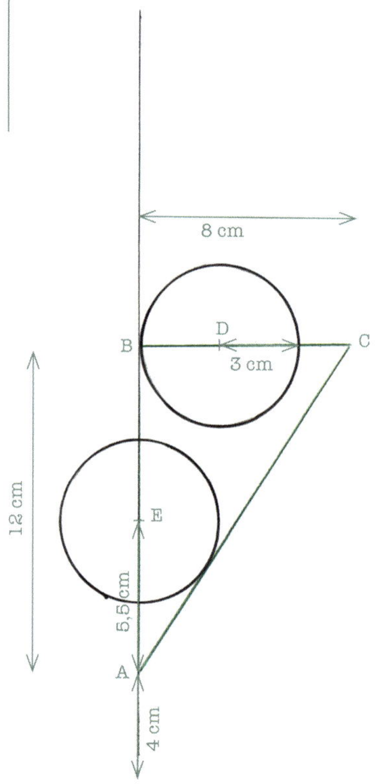

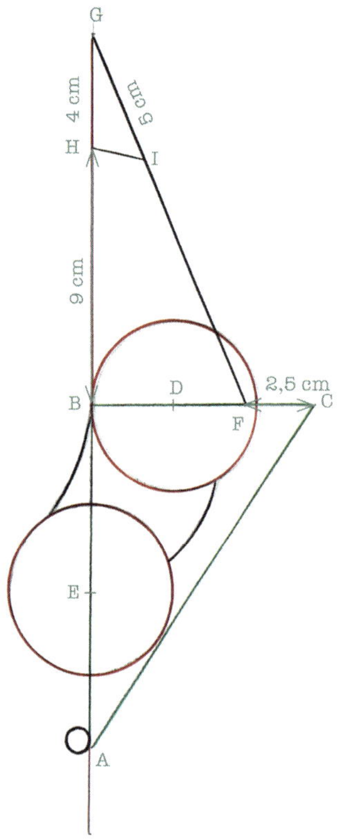

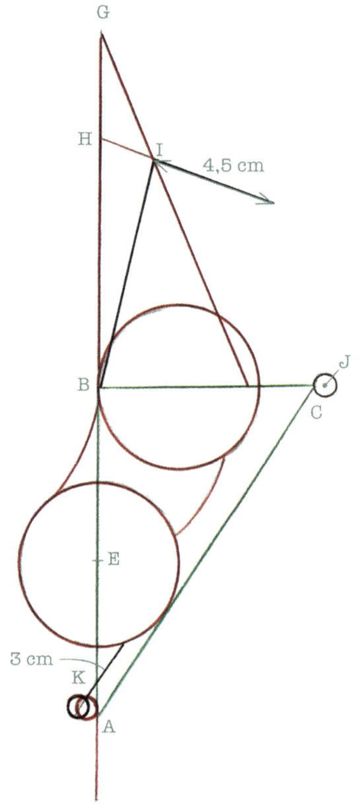

①

× Tracer une droite verticale au milieu d'une feuille A4 (dans le sens de la hauteur).

× Marquer sur cette droite un point A à 4 cm du bas de la feuille, et un point B à 16 cm (donc 12 cm de A).

× En partant de B, tracer un segment perpendiculaire à [AB], long de 8 cm. Marquer C à son extrémité.

× Tracer le triangle rectangle ABC en reliant C et A.

× Sur le segment [BC], marquer D à 3 cm de B, et tracer un cercle de centre D de rayon 3 cm.

× Sur le segment [AB], à 5,5 cm de A, marquer E et tracer un cercle de centre E de rayon 3 cm.

②

× Au milieu du segment [DC], marquer le point F.

× 13 cm au-dessus de B, sur la ligne centrale, marquer le point G.

× Tracer le triangle BGF.

× Sur le segment [BG], à 4 cm de G, marquer le point H.

× Sur [GF], à 5 cm de G, marquer I et tracer [HI].

× Relier les deux cercles par deux courbes en prenant modèle sur le croquis.

③

× Prolonger le segment [HI] de 4,5 cm en I.

× Prolonger le segment [BC] de 4 mm et marquer le point J. Tracer le cercle de centre J de rayon 4 mm.

× Sur le segment [AB], 1 cm au-dessus de A, marquer le point K. Tracer un segment de droite parallèle à [AC], de 3 cm de long, commençant sur le cercle de centre E et passant par K.

× Tracer un cercle dont le diamètre de 8 mm correspond à l'extrémité de ce segment.

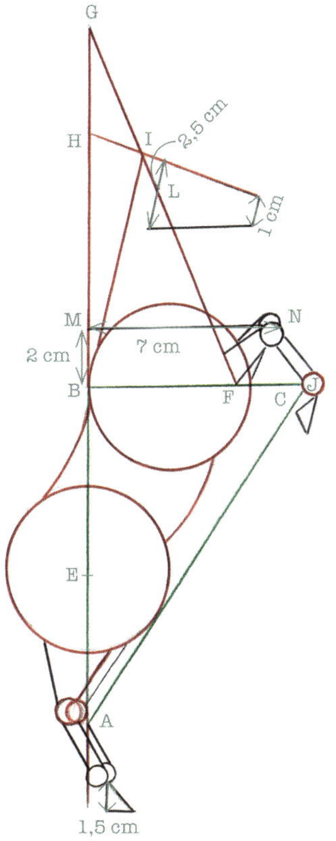

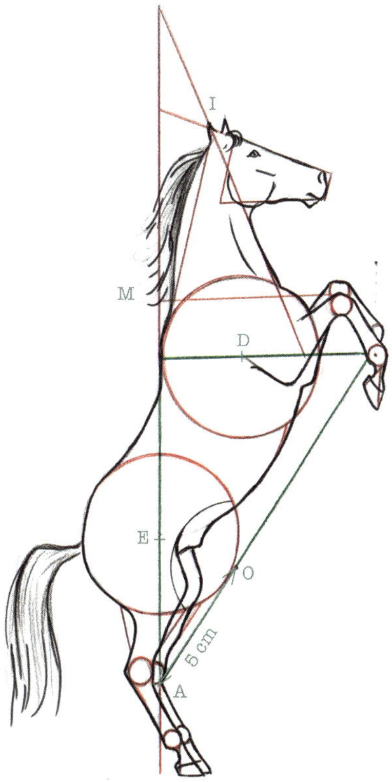

4

× Terminer le trapèze de la tête (voir page 12). Sa partie la plus étroite fait 1 cm, et la plus large, 2,5 cm. Elle coupe [GF] en L à environ 1,5 cm de I.

× Sur le segment [BH], à 2 cm de B, marquer le point M. Depuis M, tracer un segment parallèle à [BC], long de 7 cm. Marquer N à son extrémité. Tracer [FN].

× Avec N comme point d'intersection, tracer les cercles des genoux antérieurs (diamètre 8 mm).

× Dessiner les boulets des postérieurs, tangents à la ligne centrale, à 1,5 cm de la base de la feuille (diamètre 7 mm).

5

× Terminer le corps du cheval.
La ligne supérieure de l'encolure forme un arc de cercle au dessus de [IM].
Le coude de l'antérieur droit passe par D et s'inscrit dans un angle droit.

× L'étape la plus délicate : les cuisses du cheval. En marquant le point O à 5 cm de A et en traçant un arc de cercle de centre O de rayon 2,5 cm à l'intérieur du cercle de centre E, on peut noter que toutes les parties du bas ventre se situent dans la zone ainsi créée.

6

× Placer les ombres et les rehauts de lumière.

× Pour terminer le dessin voir également page 87.

SE SERVIR DU COMPAS JUSQU'AU BOUT

Il est possible de tracer la ligne du ventre , du dos et de l'encolure avec un compas : le ventre est un arc de cercle de rayon 4,5 cm dont le centre X se situe sur [BE] à 2 cm de B. Le dos est un arc de cercle de centre Y de rayon [YB], Y étant situé sur le bord gauche de la feuille 2 cm au-dessus de [BC]. L'encolure est un arc de cercle de rayon [ZI] (point Z situé à 3,5 cm au dessus de J à la verticale).

Le poulain au galop de profil

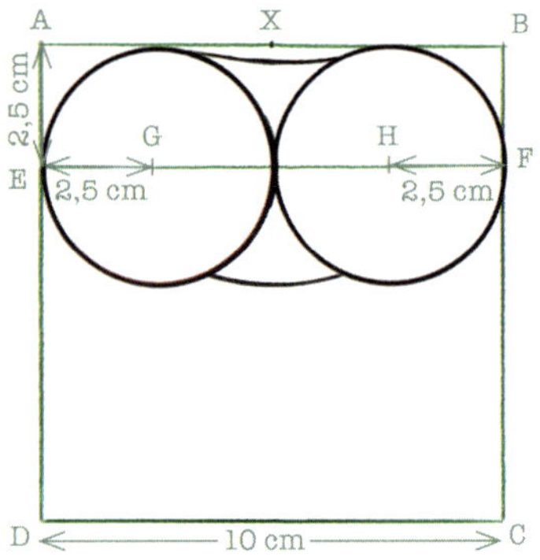

↑

1

× Au centre d'une feuille de format A4 prise dans le sens horizontal, tracer un carré ABCD de 10 cm de côté.
× Sur le côté [AD], placer le point E à 2,5 cm de A, et sur le côté [BC], placer le point F à 2,5 cm de B. Tracer [EF], parallèle à [AB].
× Sur le segment [EF], placer le point G à 2,5 cm de E, et le point H à 2,5 cm de F.
× Tracer deux cercles de 5 cm de diamètre, l'un de centre G, l'autre de centre H.
× Les relier par deux lignes courbes pour former le dos et le ventre. Pour le ventre, marquer le point X au milieu de [AB] et tracer un arc de cercle de centre X de rayon [XA].

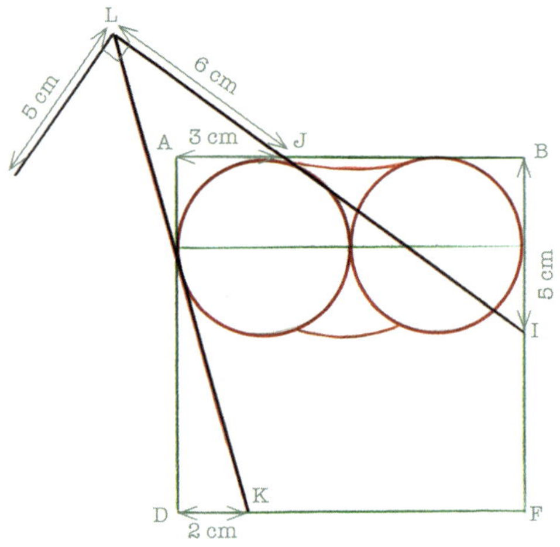

↑

2

× Au milieu de [BC], marquer le point I.
× Sur le côté [AB], à 3 cm de A, marquer J.
× Relier I à J et prolonger ce segment de 6 cm jusqu'au point L.
× Sur le côté [DC], à 2 cm de D, marquer K. Tracer [KL], tangent au premier cercle.
× En partant de L, tracer le chanfrein, perpendiculaire à [IL], long de 5 cm (soit ½ côté du carré).

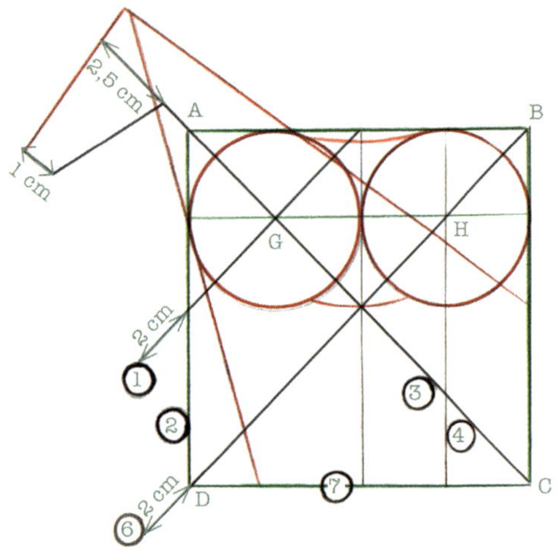

←

3

× Tracer la diagonale [AC] du carré. La prolonger après A jusqu'au segment du chanfrein.
× Former le quadrilatère de la tête (1 cm pour le côté le plus étroit, 2,5 cm pour le plus large).
× Tracer à l'intérieur du carré le segment parallèle à [BC] passant par H et le segment parallèle divisant le carré en deux dans le sens de la hauteur.
× Tracer la diagonale [DB], prolongée de 2 cm à l'extérieur du carré. Tracer également un segment parallèle à [DB] passant par G et se prolongeant de 2 cm à l'extérieur de [AD].
× Placer les cercles 1, 2, 3, 4, 6 et 7 grâce aux repères ainsi tracés.

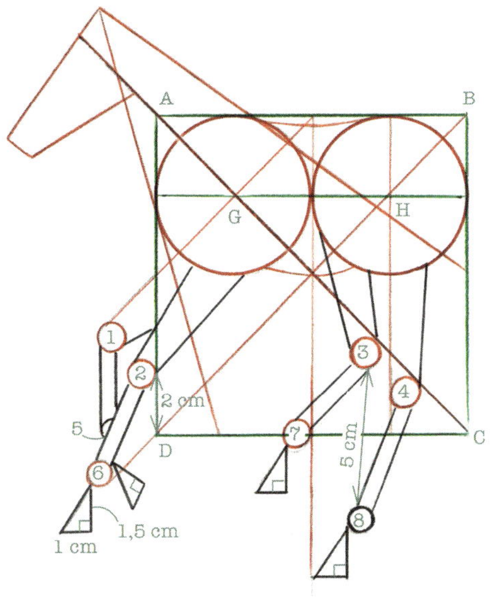

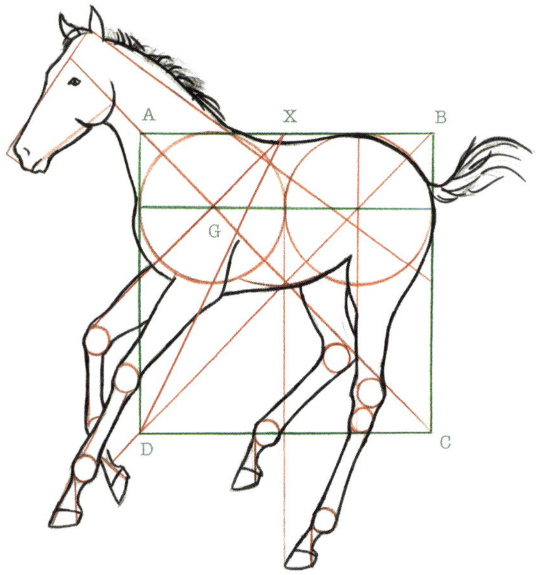

↑ ④

× Le cercle 8 (boulet du postérieur gauche) se situe environ 5 cm sous le cercle 3.
× Relier les cercles entre eux et au corps pour former les membres. Les segments qui relient les cercles 3 et 7 sont parallèles à la diagonale [BD].
× Le boulet de l'antérieur droit (qui correspondrait au cercle 5) est à moitié masqué derrière le canon de l'antérieur gauche.
× Tracer les triangles rectangles des sabots et de leurs articulations. Ils sont plus hauts et plus fins que ceux d'un cheval adulte (1,5 cm sur le côté arrière, 1 cm à la base).

↑ ⑤

× Affiner les lignes courbes en suivant le modèle ci-dessus. Le poitrail suit la circonférence du cercle de centre G à 3 mm de distance. La ligne du coude de l'antérieur gauche remonte jusqu'au point d'intersection entre [XD] et [AC].

⑥ →

× Pour finir le dessin, ombrer le sujet. Il s'agit ici d'un éclairage à contre-jour.
× Selon l'âge du poulain, ses proportions évoluent. Voir également page 76 pour un poulain à l'arrêt.

BIEN PLACER LES CERCLES DES ARTICULATIONS

➤ Le cercle 1 est tangent à l'extrémité du segment parallèle à [DB] passant par G.
➤ Le genou de l'antérieur gauche (cercle 2) est tangent à [AD] en un point qui se situe 2 cm au-dessus de D.
➤ Les cercles 3 et 4 des articulations des genoux sont situés de part et d'autre du segment parallèle à [BC] passant par H, juste au-dessous de la diagonale [AC].
➤ Le cercle 6 (boulet) est tangent à l'extrémité de la prolongation du segment [DB].
➤ Le cercle 7 coupe [DC] à gauche de l'axe de symétrie vertical du carré.

Les allures de profil

Les croquis annotés de ces deux pages proposent d'autres temps du pas, du trot et du galop, à construire directement à partir de la cinquième étape. Les indications chiffrées sont une aide précieuse à la réalisation de ces dessins.
Observez, copiez, exercez-vous : c'est l'une des règles de base ! Et ne vous sentez pas frustré si au début le résultat n'est pas à la hauteur de vos attentes : le ratage fait partie de l'apprentissage.

Les trois autres temps du pas

Le pas du cheval se décompose en quatre temps.
Il pose un à un ses membres au sol.

× Le modèle principal vu page 16 lève d'abord l'antérieur droit, puis le postérieur gauche.

× Ensuite, le cheval pose au sol l'antérieur droit et ramène le postérieur gauche en avant (croquis 1).

1

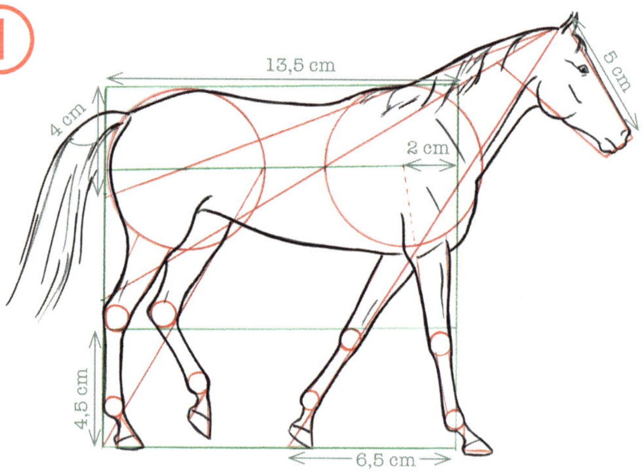

× Il pose le postérieur gauche, puis lève l'antérieur gauche (croquis 2).

2

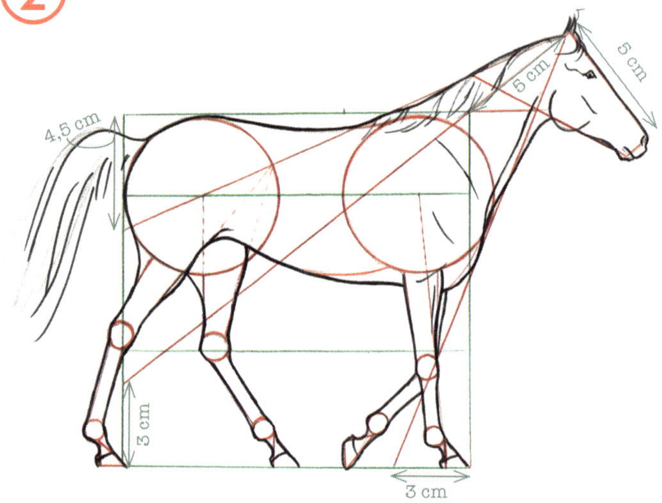

× Le cheval va ensuite lever le postérieur droit. Son antérieur gauche est toujours levé (croquis 3).

3

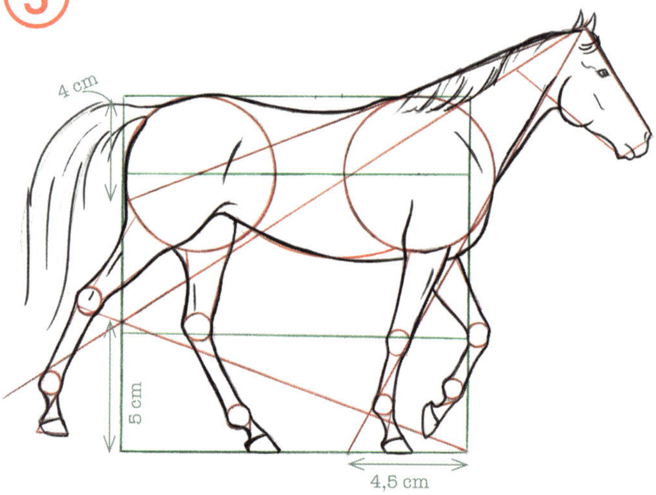

Le trot

× Avant le temps de suspension, le cheval a un diagonal au sol (ici, l'antérieur droit et le postérieur gauche, croquis 4).

4

Le galop

× Juste avant le temps de suspension, le cheval a un seul membre posé au sol. Ici, l'antérieur gauche (galop à gauche, croquis 5).

5

× Après le temps de suspension, le cheval a un membre au sol : ici, le postérieur droit (croquis 6).

6

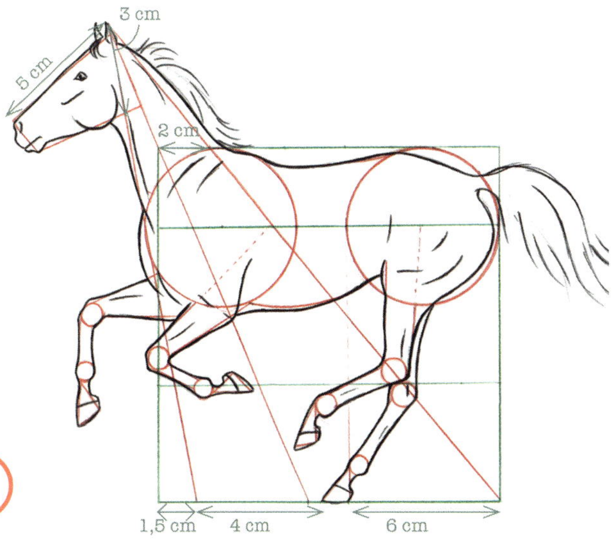

La tête de cheval de face

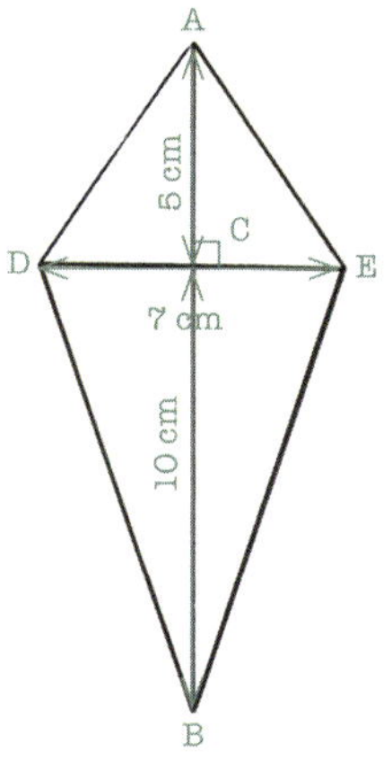

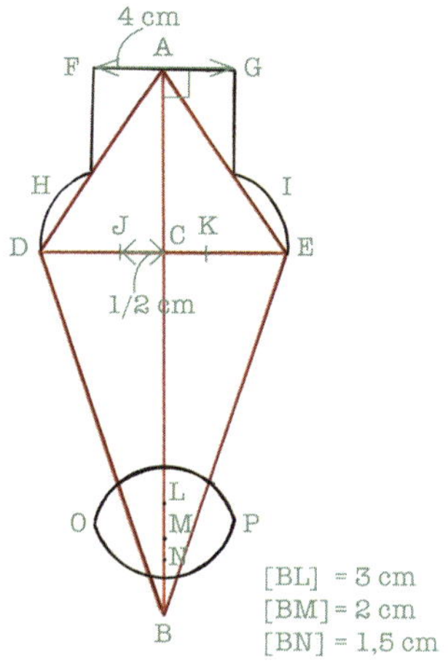

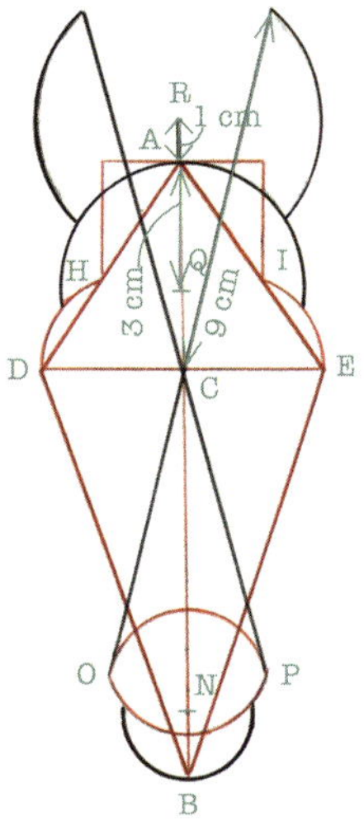

①

× Au centre d'une feuille de papier A4 (prise dans le sens de la hauteur), tracer un segment vertical de 15 cm [AB]. Ce segment [AB] est un axe de symétrie : pendant les 4 premières étapes de ce dessin, tous les tracés effectués se superposeront exactement si l'on plie la feuille sur l'axe de ce segment.

× Sur [AB], à 5 cm de A, marquer le point C.

× Tracer un segment horizontal de 7 cm de long perpendiculaire à [AB] et passant par C, C étant situé en son milieu. Marquer les points D et E aux extrémités de ce segment.

× Tracer le quadrilatère AEBD.

②

× Tracer un segment [FG] perpendiculaire à [AB], de 4 cm, dont A est le milieu.

× En F et en G, tracer deux perpendiculaires à [FG] rejoignant [AD] et [AE] en H et I.

× Sur le segment [DE], à 1,2 cm de part et d'autre de C, marquer les points J et K.

× Tracer un arc de cercle de centre J de rayon [JD] pour joindre D à H. Faire de même depuis K pour joindre E à I.

× Sur le segment [AB], à 3 cm de B, marquer le point L, à 2 cm de B, le point M, et à 1,5 cm, le point N.

× Tracer un demi-cercle de centre M vers le haut de rayon 2 cm et un demi-cercle de même rayon de centre L vers le bas, se coupant en O et en P.

③

× Tracer [OC] et [PC] et prolonger ces deux segments de 9 cm vers le haut.

× Sur le segment [AB], à 3 cm de A, marquer le point Q. Tracer un arc de cercle de centre Q de rayon [QA] (3 cm) jusqu'aux arcs de cercles déjà tracés joignant I à E et H à D.

× Prolonger le segment [AB] de 1 cm en A, marquer le point R. Tracer deux arcs de cercle de centre R de rayon 3,5 cm joignant les demi-droites [OC) et [PC) et l'arc de cercle de centre Q.

× Pour la ligne de la mâchoire supérieure, tracer un arc de cercle de centre N passant par B de rayon [NB] (1,5 cm). Il rejoint l'arc de cercle du nez.

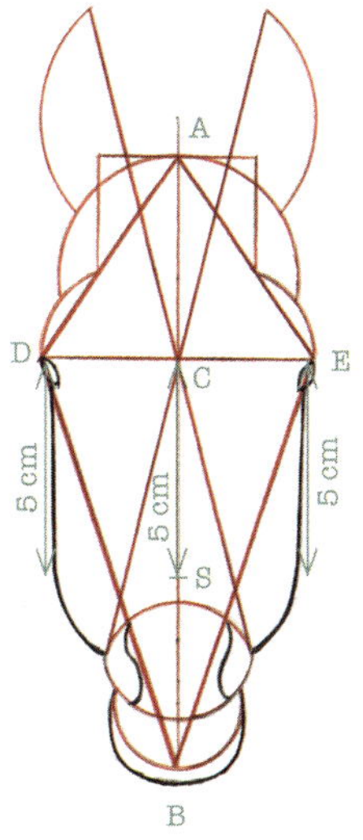

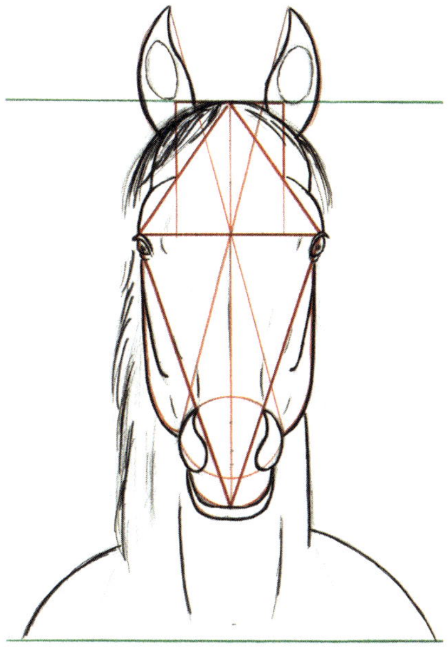

4

- Tracer les yeux (longueur 8 mm) depuis D et E autour des axes [DB] et [EB], et les paupières 1 mm au-dessus (voir pour plus de détails page 63).
- En-dessous des yeux, en partant de [DB] et [EB], tracer deux segments de 5 cm parallèles à [AB].
- Sur le segment [CB], à 5 cm de C, marquer le point S. Tracer deux arcs de cercle de centre S de rayon 3,2 cm pour raccorder ces deux segments à l'ovale du nez.
- Dessiner les naseaux dans les parties de l'ovale extérieures à [DB] et [EB].
- À 4 mm sous B, tracer une ligne courbe suivant l'arc de cercle passant par B pour la lèvre inférieure.

5

- Esquisser la forme du cou, le toupet et la crinière.
- Former le S et le S inversé de la ligne intérieure des oreilles (observer comme ils ressemblent à la ligne intérieure des naseaux). À l'intérieur des oreilles, tracer des ovales pour figurer le creux.
- Sous les yeux, tracer les lignes des apophyses zygomatiques (voir page 94).
- J'ai ajouté sur ce croquis l'arc de cercle de la croupe et les lignes du carré qui servent de repère au cheval de face (page 32).
- L'échelle de ce dessin est de 1/3 (1 cm = 3 cm).

6

- Gommer les lignes de construction tout en gardant la ligne centrale pour dessiner les ombres du chanfrein. Les naseaux, l'intérieur des oreilles, les yeux et la lèvre inférieure sont les parties les plus foncées. Ne pas oublier le point de lumière sur l'œil. Pour des raisons esthétiques, je n'ai pas dessiné l'encolure complètement de face.
- Voir également page 89.

À SAVOIR

- Observer sur le dessin la forme des naseaux : ils ressemblent à une goutte.
- La ligne du cou part de la tête à environ 1 cm de part et d'autre des naseaux.
- Le toupet et la crinière sont formés d'arcs de cercle partant du point d'intersection entre le front et la base des oreilles pour descendre jusqu'au niveau de l'œil. Puis la crinière suit la ligne de l'encolure.

Le cheval en pied de face

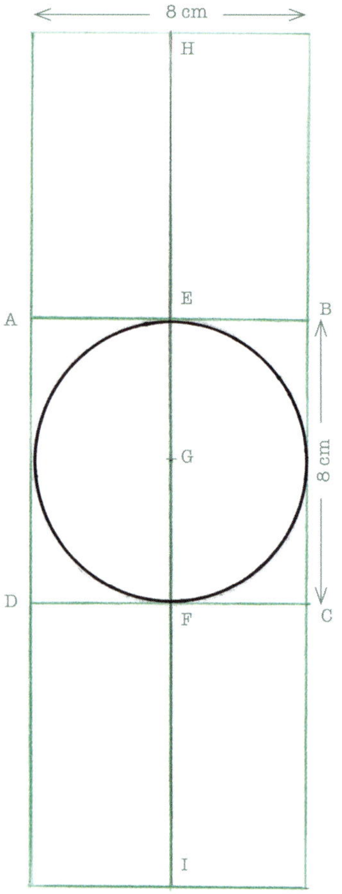

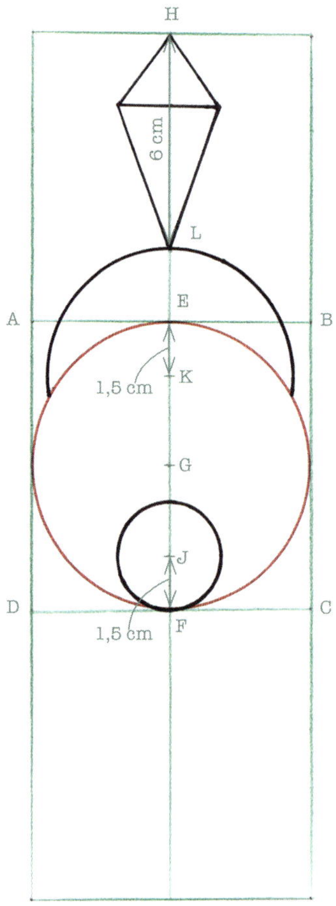

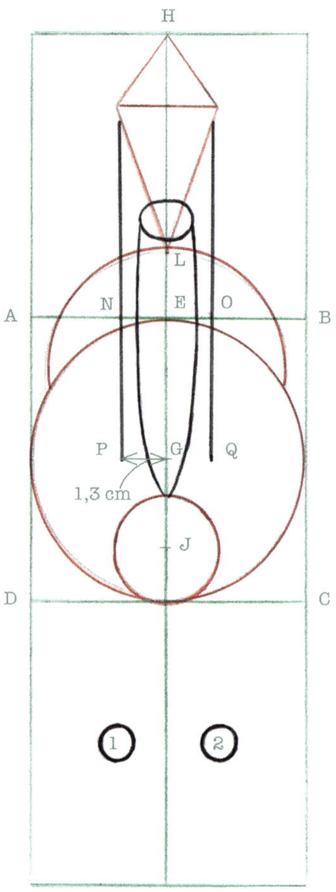

1

× Sur une feuille A4 prise dans le sens de la hauteur, dessiner un carré ABCD de 8 cm de côté (voir page 9).
× Au milieu de [AB], marquer le point E. Au milieu de [DC], marquer le point F. Tracer [EF], marquer le point G au milieu.
× Tracer un cercle de centre G de rayon 4 cm (voir page 10), qui s'inscrit au milieu du carré.
× Dans le prolongement de [EF], tracer deux segments de 8 cm en haut et en bas. Marquer le point H en haut et le point I en bas.
× Tracer deux autres carrés de même taille de part et d'autre de ABCD en prolongeant de la même façon les segments [BC] et [AD].

2

× Sur le segment [EF], à 1,5 cm de F, marquer le point J, et à 1,5 cm de E, marquer le point K. Tracer un cercle de centre J et de rayon [JF].
× Tracer un arc de cercle de centre K de rayon 3,5 cm, au-dessus du cercle de centre G. Marquer le point L à l'intersection de cet arc de cercle et de [EH].
× Sur le segment [EH], à 2 cm de H, marquer M. Tracer un segment perpendiculaire à [EH] long de 3 cm, passant par M et dont M est le milieu. Compléter le tracé du quadrilatère de la tête dont ce segment et [HL] sont les diagonales.

3

× Au-dessus de L (3 mm environ), tracer l'ovale du nez (1,5 cm x 1 cm).
× En partant des côtés de cet ovale, tracer deux lignes courbes de part et d'autre de la gorge qui se rejoignent sur le haut du cercle de centre J.
× Sur le segment [AEB], à 1,3 cm de part et d'autre de E, marquer les points N et O.
× Tracer deux segments parallèles à [HG] passant par N et O, commençant sur les côtés du quadrilatère et se terminant sur la parallèle à [AB] qui passerait par G. Marquer les points P et Q, à chaque extrémité inférieure.
× Tracer les cercles des genoux avant dans le carré du bas (diamètre 1 cm).

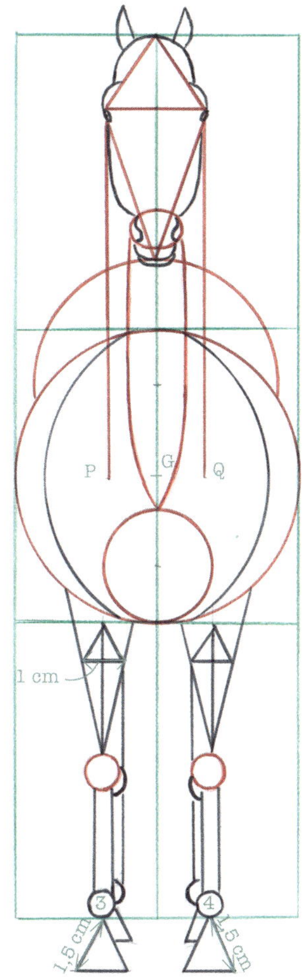

4

× Tracer sur la droite à l'intérieur du cercle de centre G un arc de cercle de centre P de rayon 4,5 cm, et un arc de cercle symétrique de centre Q.

× Tracer les cercles 3 et 4 (8 mm de diamètre) et les relier aux cercles des genoux.

× Tracer les triangles équilatéraux des sabots (1,5 cm de côté) et les deux quadrilatères des avant-bras (la diagonale la plus petite fait environ 1 cm).

× Tracer les sabots, les boulets, les genoux et le reste des membres postérieurs partiellement cachés derrière les antérieurs.

× Affiner les contours de la tête en suivant les pas à pas des pages précédentes (30-31).

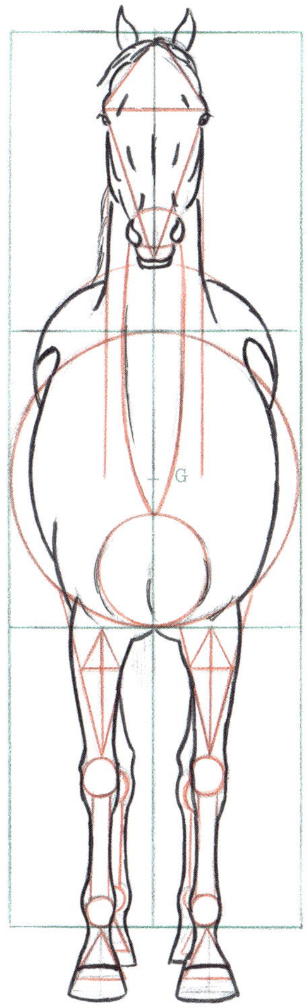

5

× Parfaire le contour du corps du cheval en plaçant les lignes courbes selon la corpulence à donner au sujet. Avec un ventre plus large (cercle de centre G), on obtient une poulinière.

× Le dessin est symétrique sur son axe central, cela peut aider à le finaliser de garder cela en tête.

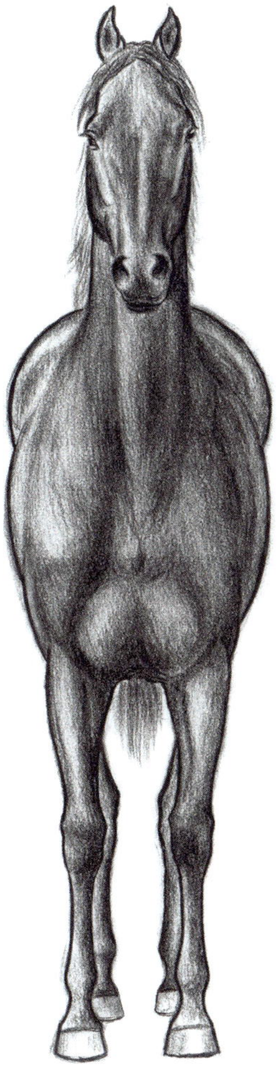

6

× Ajouter les ombres au sujet, puis gommer les lignes de construction. C'est fini !

À SAVOIR

➤ Un tracé à main levée est possible de haut en bas en marquant les points M (à 2 cm de H), puis L (à 4 cm de M). À noter : [HM] = [LE].

➤ Les jambes sont de loin la partie la plus difficile. Reportez-vous pages 66-71 pour des conseils plus détaillés.

➤ Les centres des cercles des genoux (1 et 2) sont équidistants de F et de I, distants l'un de l'autre de 3 cm. Les cercles des boulets (3 et 4) sont tangents au bas du rectangle. Les lignes des canons sont parallèles et distantes de 5 mm.

Le cheval au pas de face

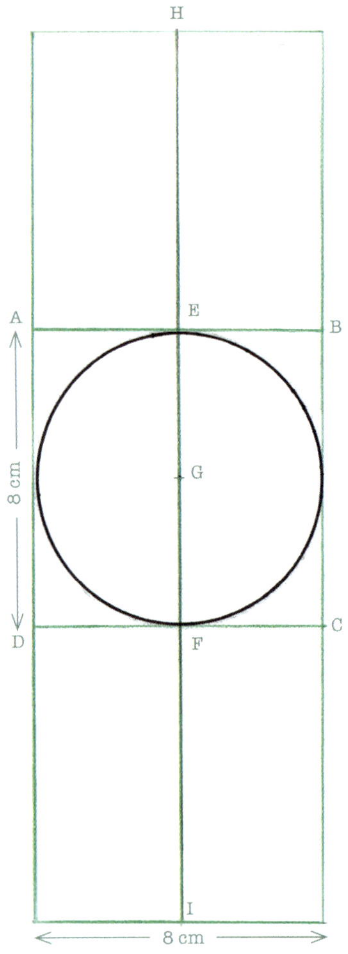

1

× La première étape est exactement la même que celle du modèle précédent (le cheval à l'arrêt, page 32).
× Lorsque le cheval est en mouvement, son encolure lui sert de balancier. Elle est donc souvent moins haute qu'à l'arrêt. De même, selon la perspective, la corpulence du cheval et la position des postérieurs, la croupe sera plus ou moins visible.

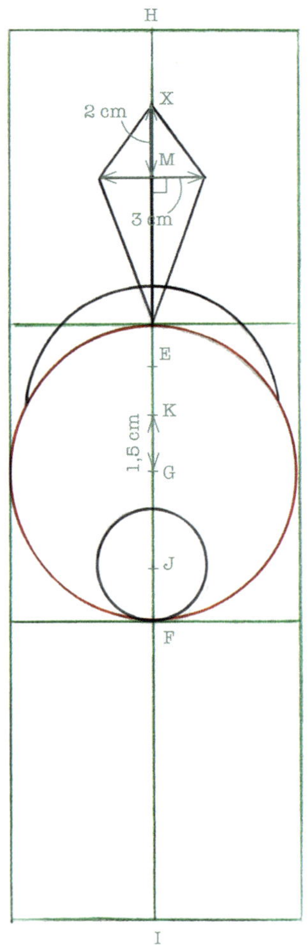

2

× Sur le segment [EF], à 1,5 cm de F, marquer le point J, et à 1,5 cm de G, marquer le point K. Tracer un cercle de centre J et de rayon [JF].
× Tracer un arc de cercle de centre K de rayon 3,5 cm, au-dessus du cercle de centre G.
× Au milieu du segment [HE], marquer le point M. Tracer un segment perpendiculaire à [EH] long de 3 cm, passant par M et dont M est le milieu.
× Au milieu du segment [MH], à 2 cm de H, marquer le point X. Compléter le tracé du quadrilatère de la tête dont [XE] et le segment précédemment tracé sont les diagonales.

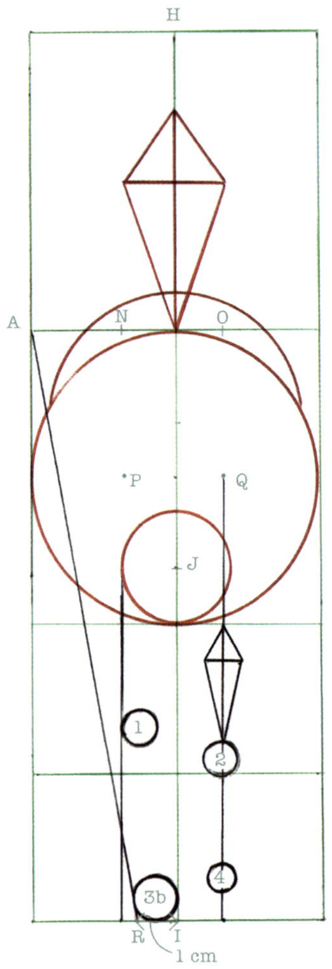

3

× Marquer les points N, O, P et Q aux mêmes endroits qu'à l'étape 3 du modèle précédent (voir page 32).
× En partant de Q, tracer vers le bas un segment parallèle à l'axe central [HI].
× À gauche de [HI], tracer un autre segment parallèle, cette fois ci à 1,5 cm, donc tangent au cercle de centre J.
× Sur le segment inférieur du rectangle, à 1 cm à gauche de I, marquer le point R et tracer [RA].
× Disposer les cercles des genoux antérieurs (1 et 2), du boulet de l'antérieur gauche (4), de la base du sabot de l'antérieur droit (3b) et le quadrilatère de l'avant-bras gauche.

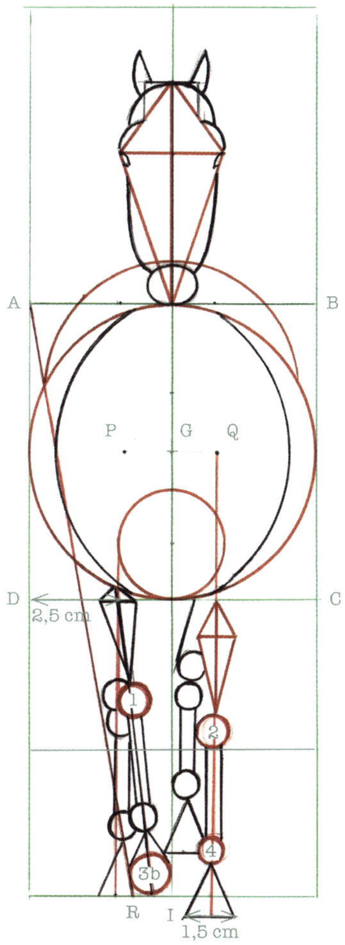

④

× Compléter les tracés des membres en s'aidant des lignes de construction. Il est utile de tracer l'axe de l'antérieur droit, qui est levé, et donc penché. Il coupe [CD] à 2,5 cm de D et [RI] en son milieu. Les autres lignes des canons sont parallèles à l'axe de symétrie central (et espacées d'environ 5 mm pour chaque canon).
× Ajouter les triangles des sabots.
× Tracer sur la droite à l'intérieur du cercle de centre G un arc de cercle de centre P de rayon 4,5 cm, et un arc de cercle symétrique de centre Q.
× Terminer la construction de la tête en suivant les conseils des pages 30-31 et 33.

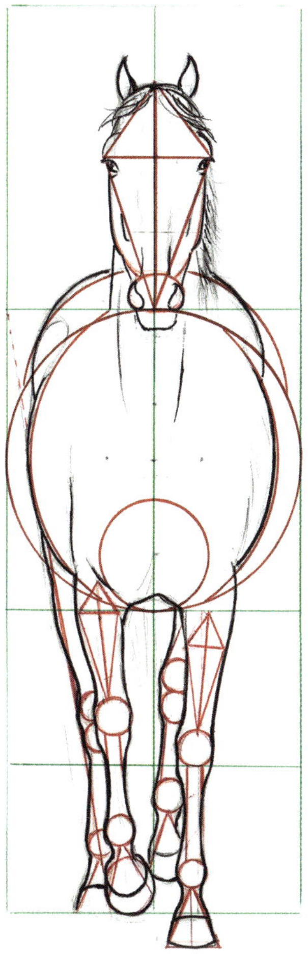

⑤

× Il ne reste plus qu'à affiner les lignes du corps en fonction de la corpulence souhaitée.
× Selon la position de la tête, les naseaux sont plus ou moins bas.
× Les postérieurs du cheval ont été représentés très légèrement de trois quarts afin de montrer leur position. Complètement de face, ils seraient quasiment masqués par les antérieurs.
➤ *Pour les membres de face, voir page 67.*

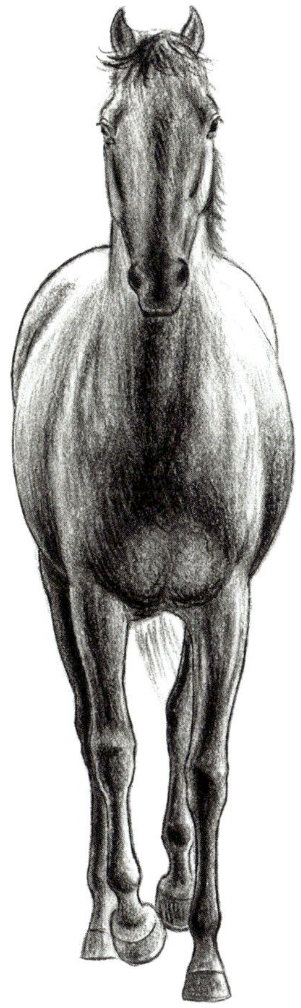

⑥

× Ajouter les ombres. Ici, le cheval a été représenté avec une source de lumière située à sa gauche.

À SAVOIR

➤ Selon l'épaisseur du trait, les cercles des genoux antérieurs (1 et 2) ont un diamètre de 9 à 10 mm. Celui du boulet de l'antérieur gauche (cercle 3) est de 8 mm, et celui de la base du sabot de l'antérieur gauche (cercle 3b), de 12 mm.
➤ Le quadrilatère de l'avant-bras gauche a les mêmes dimensions qu'à l'étape 4 du cheval à l'arrêt page 33.
➤ Les triangles des sabots sont équilatéraux et font 1,5 cm de côté. Le sabot de l'antérieur levé vient se « fondre » dans le cercle 3b.

Le cheval au trot de face

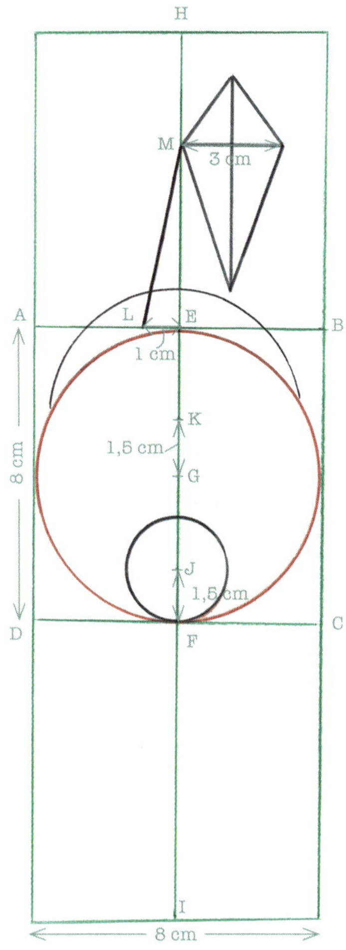

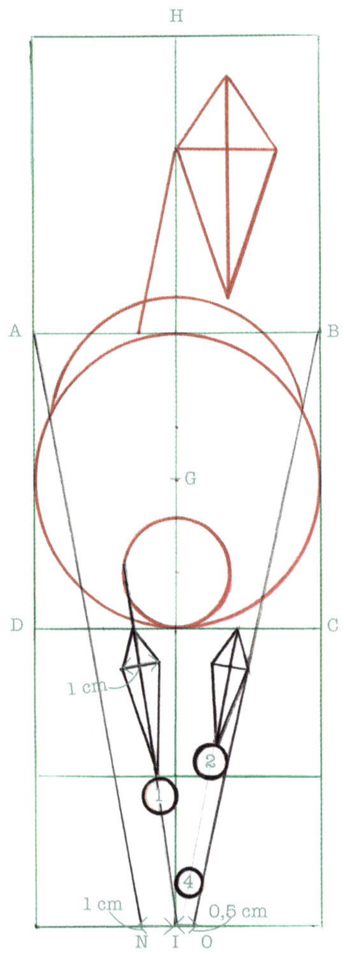

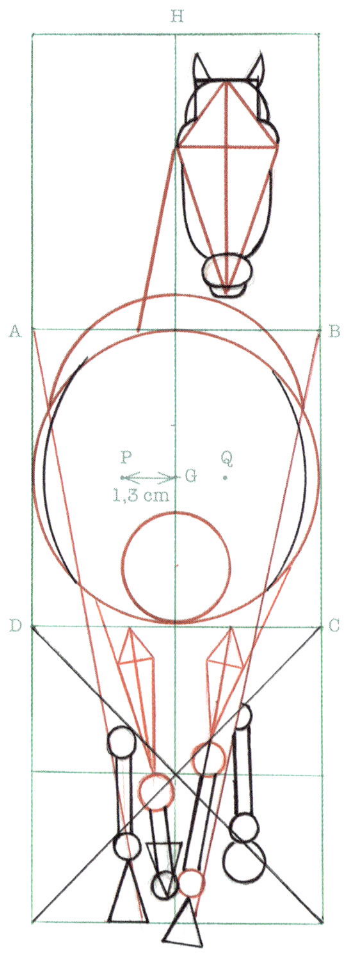

1 et 2

× La première étape est la même que celle du cheval à l'arrêt (page 32).
× Placer le point J à 1,5 cm de F sur [FG] et tracer le cercle de centre J et de rayon [JF].
× Sur le segment [GE], à 1,5 cm de G, marquer le point K. Tracer un arc de cercle de centre K de rayon 3,5 cm au-dessus du cercle de centre G.
× Sur le segment [AE], à 1 cm de E, marquer L. Sur le segment [HE], à 3 cm de H, marquer M. Tracer [ML].
× Depuis M, tracer un segment parallèle à [AB] long de 3 cm, et compléter le quadrilatère de la tête.

3

× Sur le segment inférieur du rectangle, 1 cm à gauche de I, marquer N, et 5 mm à droite, marquer O. Tracer [AN] et [BO].
× Tangent à [HI] et à la ligne médiane du carré inférieur, tracer le cercle 1 (genou antérieur droit), de diamètre 10 mm.
× Tangent à [BO] et au-dessus de cette même ligne médiane, tracer le cercle 2 (genou gauche), de diamètre 9 mm, et 2,5 cm plus bas le long de [BO], le cercle 4, de diamètre 7 mm (boulet).
× Tracer les quadrilatères des avant-bras. Les diagonales les plus longues sont parallèles à [AN] et [BO]. Les plus courtes sont longues de 1 cm.

4

× Sur la parallèle à [AB] passant par G, placer les point P et Q à 1,3 cm de part et d'autre de G. Tracer deux arcs de cercle de rayon 4,5 cm de centres P et Q (voir étape 4, page 35). Pour un cheval plus corpulent, prendre un rayon de 5 cm.
× Tracer les diagonales du carré du bas afin de trouver plus facilement l'emplacement des cercles des membres restants. En effet, ils sont tous tangents ou situés sur ces lignes.
× Tracer les boulets, puis les canons et les sabots (voir focus).
× Terminer la construction de la tête en suivant les conseils des pages 30-31 et 33.

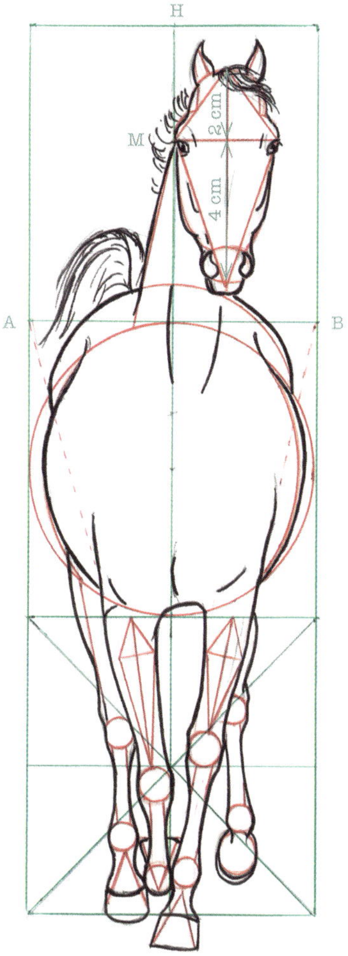

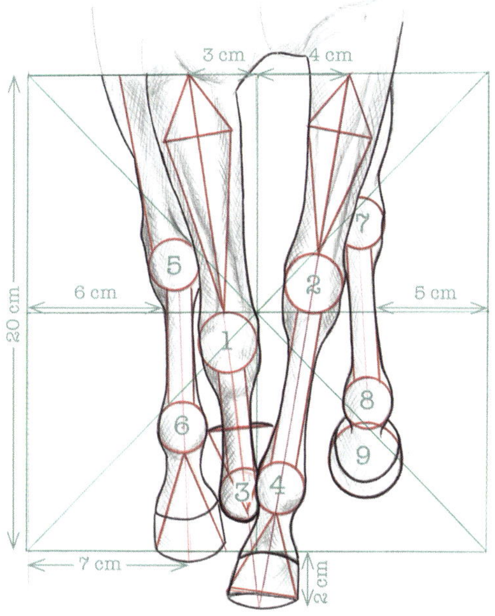

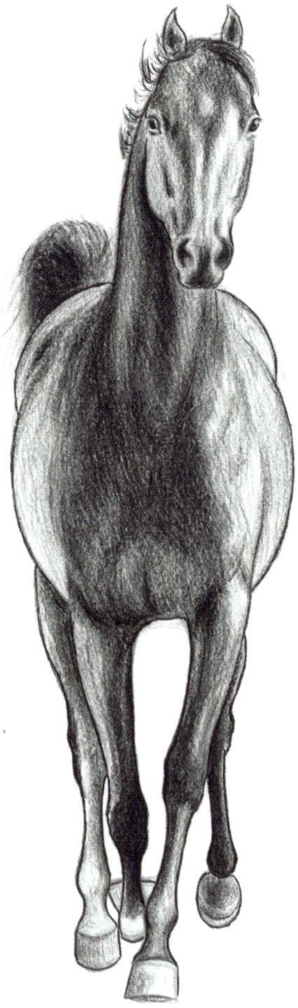

5

× Finaliser la silhouette du cheval, ajouter la queue, la crinière et le toupet.

× Affiner les lignes courbes du corps et de la tête. La tête est vue très légèrement de trois quarts.

➤ *Voir page 41 différentes positions de tête.*

Focus

× Voici le détail des sabots avec les cotations ramenées sur un carré de 20 cm de haut, soit une échelle 2,5 fois supérieure à celle du dessin original.

× Comme les sabots sont en mouvement, les triangles sont de dimensions différentes. Le sabot arrière gauche s'inscrit dans un cercle de 1,2 cm de diamètre (9) sur le dessin original, et 3 cm ici.

× Les boulets ont un diamètre de 8 mm sur le dessin original (20 mm sur le focus) et les canons font 5 mm de large (12,5 mm ici).

6

× Terminer le dessin en ajoutant les ombres.

À SAVOIR

➤ Lorsque le cheval est en mouvement, son encolure lui sert de balancier. Elle est donc souvent moins haute qu'à l'arrêt. De même selon la perspective, la corpulence du cheval et la position des postérieurs, la croupe sera plus ou moins visible. Lorsque les naseaux sont dilatés, ils sont plus larges.

➤ Pour compléter le quadrilatère de la tête, il faut tracer l'autre diagonale, perpendiculaire au segment parallèle à [AB] long de 3 cm partant de M. Elle le coupe en son milieu, et mesure 2 cm au-dessus et 4 cm en dessous. Relier les quatre extrémités des diagonales pour former le quadrilatère.

Le cheval au galop de face

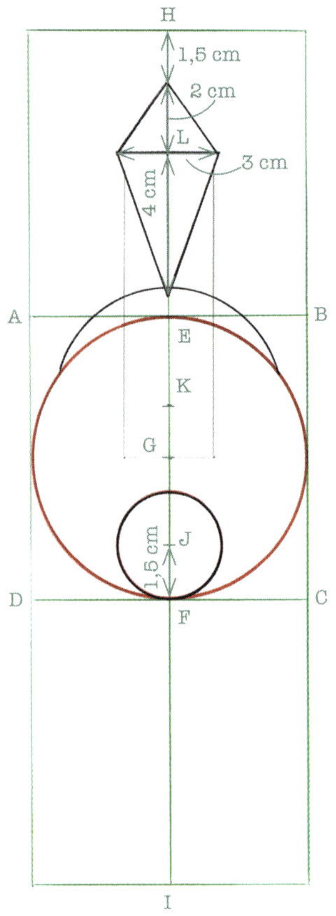

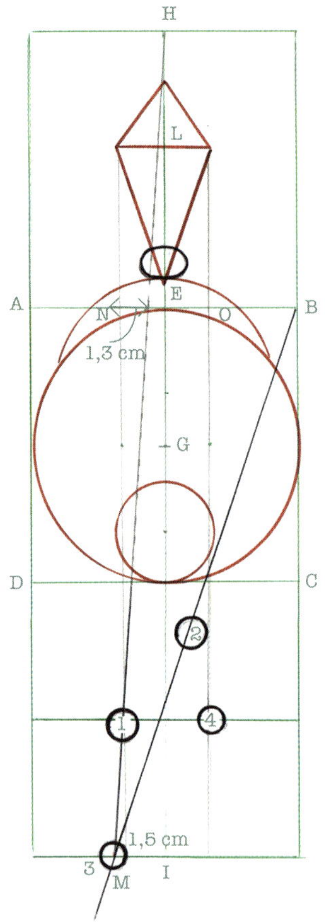

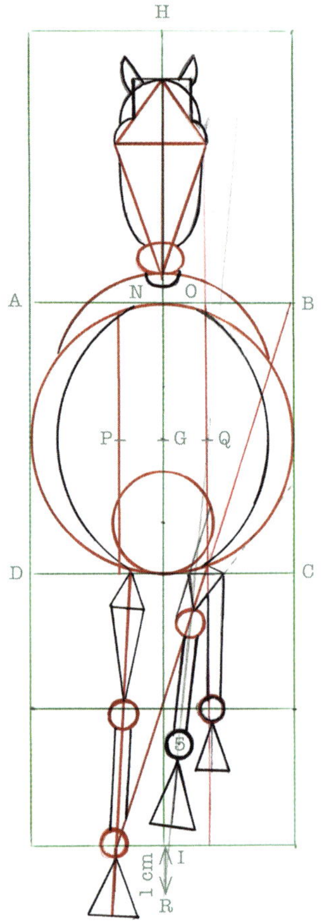

1

× La première étape est la même que celle des chevaux précédents vus de face (voir page 32). Placer le point J à 1,5 cm de F sur [FG] et tracer le cercle de centre J et de rayon [JF].

× Sur le segment [GE], à 1,5 cm de G, marquer le point K. Tracer un arc de cercle de centre K de rayon 3,5 cm au-dessus du cercle de centre G.

× Sur [HI], à 3,5 cm de H, marquer le point L. Tracer un segment perpendiculaire à [HI], long de 3 cm, passant par L et dont L est le milieu. Compléter le quadrilatère de la tête dont ce segment est la quadrilatère la plus courte, sachant que l'autre diagonale est longue de 6 cm, 2 cm au-dessus de L et 4 cm au-dessous.

2

× Sur le segment [AB], placer les points N et O de part et d'autre de E, à 1,3 cm. Tracer les segments parallèles à [HI] passant par N et O commençant sur le segment de milieu L et finissant sur la base du rectangle.

× Tangent à l'arc de cercle de la croupe, tracer l'ovale du nez (environ 1,5 cm de large sur 1,2 de haut, voir page 32).

× Sur le segment inférieur du rectangle, à 1,5 cm à gauche de I, marquer le point M. Tracer [HM] et [BM].

× Tracer les cercles des genoux antérieurs (1 et 2) et ceux des boulets de l'antérieur droit et du postérieur gauche (3 et 4).

3

× Prolonger [HI] de 1 cm. Marquer à l'extrémité le point R.

× À 4 cm de N sur la parallèle à [HI], placer le point P ; à 4 cm de O sur la parallèle symétrique, placer le point Q. Tracer [QR], sur lequel se situe le centre du cercle du boulet de l'antérieur gauche (5).

× Tracer les triangles des sabots, ajouter le quadrilatère de l'avant-bras droit et les trois canons visibles dans cette position.

× Tracer les deux arcs de cercle du ventre de rayon 4,5 cm et de centre P et Q (voir étape 4, page 35).

× Terminer la construction de la tête en suivant les conseils des pages 30-31 et 33.

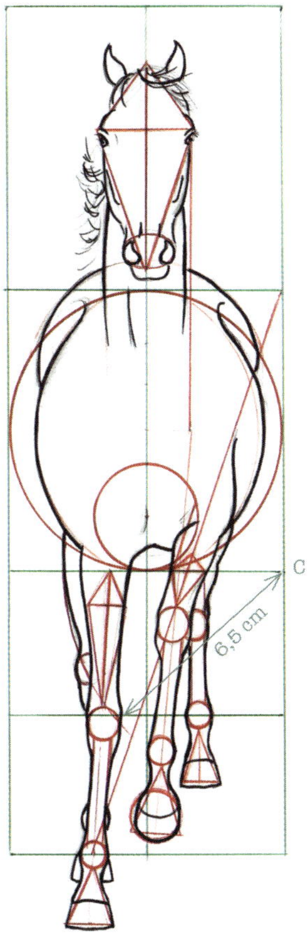

4

× Le postérieur droit est quasiment caché derrière l'antérieur. Pour positionner la cuisse droite, tracer un arc de cercle de centre C de rayon 6,5 cm.

× Ajouter la crinière et les lignes de l'encolure. Affiner le dessin des contours, de la croupe, du poitrail et des membres.

× Selon les aplombs du cheval, sa façon de se déplacer et sa vitesse, les positions des membres peuvent beaucoup varier. Si la queue est située dans l'axe de la tête, elle n'est pas visible.

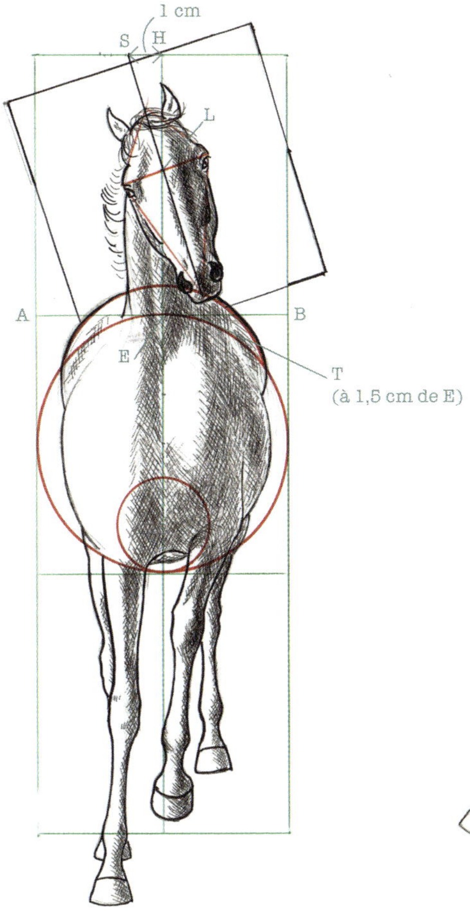

5

× Afin de donner davantage l'impression du mouvement, il est conseillé de changer l'axe de la tête en effectuant une rotation du quadrilatère pour pouvoir ensuite pencher le sujet.

× Placer le point S à 1 cm de H sur le segment supérieur du rectangle et le point T à 1,5 cm de E sur [AB]. Relier S et T. Le segment [ST] passe par L. Redessiner les traits de construction de la tête sur cette nouvelle base ou faire un copier/coller du dessin précédent afin de finaliser la tête penchée.

× La ligne des yeux est perpendiculaire à [ST].

➤ *Pour les ombres en hachures, voir aussi page 88.*

➤ *Voir également les différentes allures de face pages 41-42.*

6

× Pencher le sujet en prenant le nouvel axe de la tête – la ligne (ST) – comme verticale. Cela donne davantage de dynamique au cheval. Il s'agit de l'attitude du cheval lorsqu'il galope sur un cercle. Ajouter ensuite les ombres ou estomper les hachures réalisées au fusain. Ici la source de lumière est à droite.

BIEN PLACER LES CERCLES DES ARTICULATIONS

➤ Les cercles des genoux 1 et 2 ont un diamètre de 10 mm ; le centre du cercle 2 est situé à 1,5 cm de [CD] sur [BM].

➤ Ceux des boulets ont un diamètre de 8 mm. Le cercle 3 se situe autour de M, et le cercle 4 à l'intersection de la ligne médiane du carré inférieur et de la parallèle à [HI] passant par O. Le centre du cercle 5 se situe sur [QR] à 1 cm de la ligne médiane du carré du bas. Il est tangent à [HI].

Les allures de face

Voici d'autres temps du pas, trot et galop pour un cheval de face.
En mouvement, la hauteur de la tête et de la croupe varient, ainsi que l'axe des membres.
Beaucoup d'observation et de patience sont donc nécessaires. Les carrés dans lesquels sont dessinés les membres ont été divisés en quatre parties égales et des cotations ajoutées afin d'aider à un meilleur repérage des cercles des genoux et des boulets.

Le pas

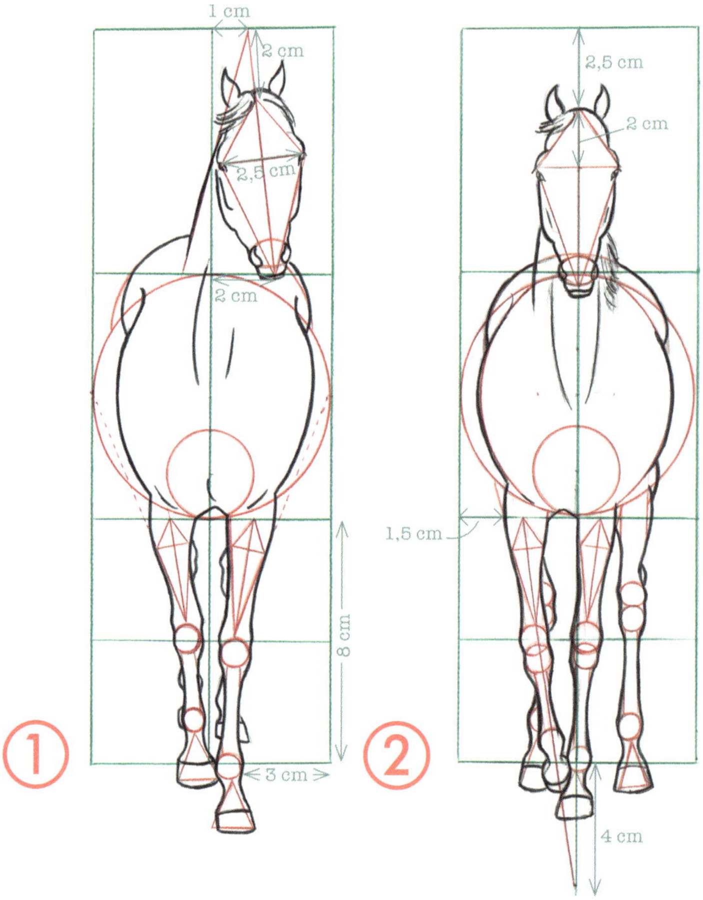

× Le cheval lève le postérieur droit. Avec le mouvement de balancier de l'encolure, l'axe de la tête est penché (croquis 1).

× Le cheval lève ici l'antérieur et le postérieur droits (croquis 2).

Le trot

× Le cheval lève l'antérieur droit et le postérieur gauche. Il s'agit ici d'un trot de course. Les membres sont levés très hauts (croquis 3).

× On a ici la même attitude que celle de la page 34, mais inversée (croquis 4). La tête est celle de trois quarts vue page 40. L'encolure peut être tracée au compas (arc de cercle de centre B de rayon 6 cm).

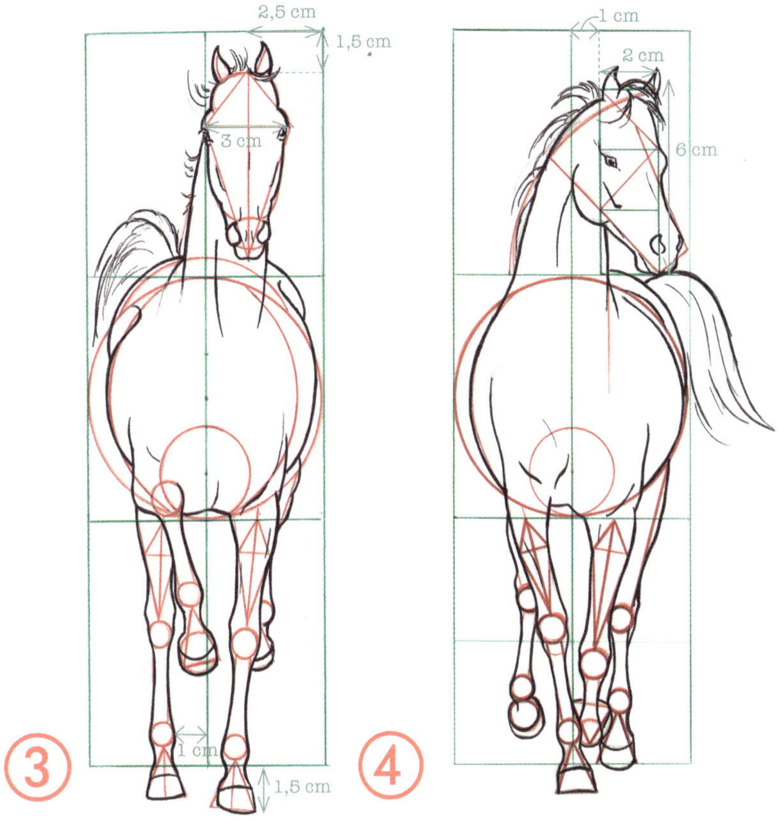

Le galop

× Dans cet exemple de galop à gauche, le cheval n'a plus que l'antérieur gauche au sol (croquis 5).

× Après le temps de suspension, le cheval pose le postérieur droit au sol (croquis 6)

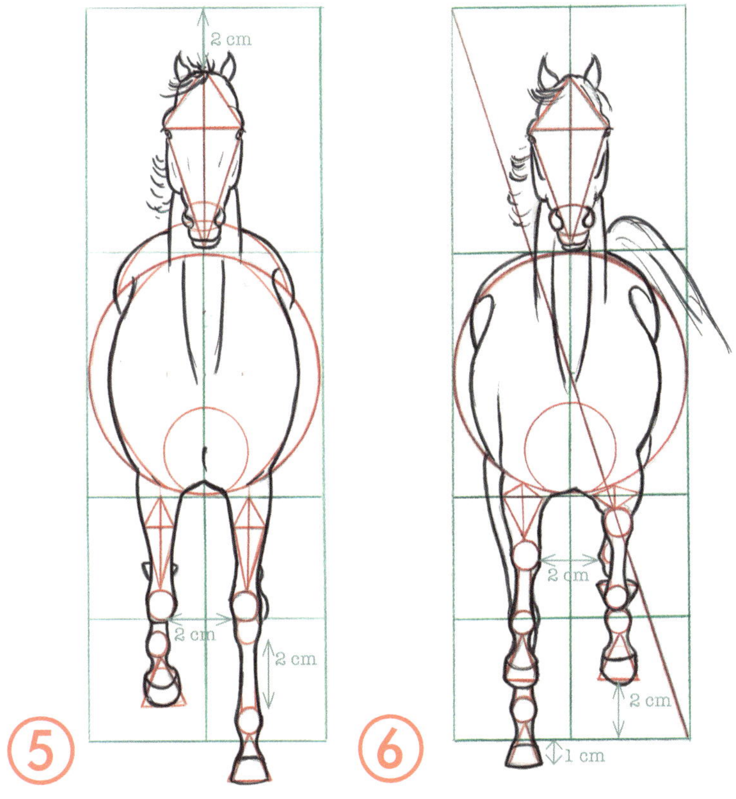

La tête de cheval de trois quarts

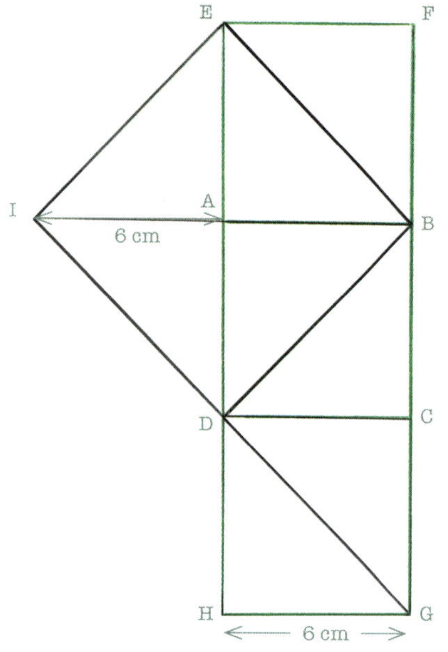

↑ ①

× Au centre d'une feuille de format A4 prise dans le sens de la hauteur, dessiner un carré ABCD de 6 cm de côté.
× Prolonger les côtés [AD] et [BC] de 6 cm de chaque côté et tracer le rectangle EFGH.
× Tracer les diagonales [EB], [BD] et [DG].
× Prolonger le côté [BA] de l'équivalent de sa longueur à partir de A. Marquer le point I
× Tracer [ID] et [IE] (formant le carré IEBD).

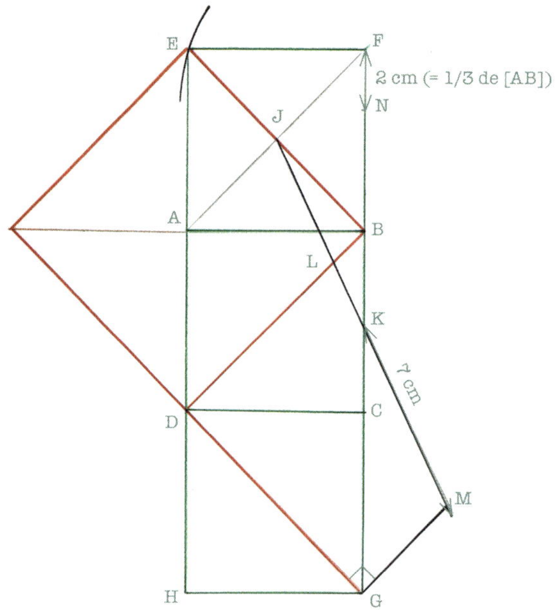

↑ ②

× Tracer la diagonale [AF] sans appuyer. Elle coupe [EB] en J.
× Au milieu du segment [BC], marquer le point K.
× Tracer [JK], qui coupe [BD] en L, et le prolonger de 7 cm au-delà de K.
× En G, tracer un segment perpendiculaire à [DG] qui coupe [JK] en M.
× Au tiers de [FB] (soit à 2 cm de F), marquer le point N. Tracer un arc de cercle de centre N d'un rayon équivalent à [EN] de part et d'autre de E (pour l'oreille droite).

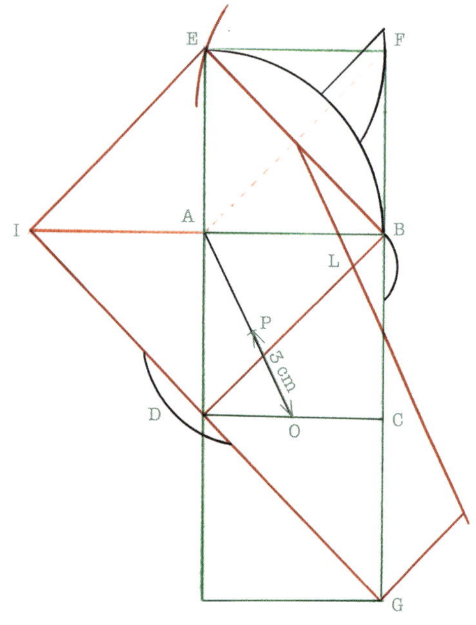

← ③

× Tracer un arc de cercle de centre A de rayon [AE] reliant E à B (toupet).
× Tracer un arc de cercle de centre E de même rayon partant de cet arc de cercle et se prolongeant un peu au-delà de F.
× Au dessus de l'arc de cercle reliant E à B, tracer un segment parallèle à [AF] (5 mm au-dessus, d'une longueur de 3 cm).
× Tracer un arc de cercle de centre L de rayon [LB] à droite de [BC].
× Au milieu de [DC], marquer le point O. Tracer [AO]. Sur [AO], à 3 cm de O, marquer le point P et tracer l'arc de cercle de la joue (de centre P et de rayon [PA] à l'extérieur de [IG]).

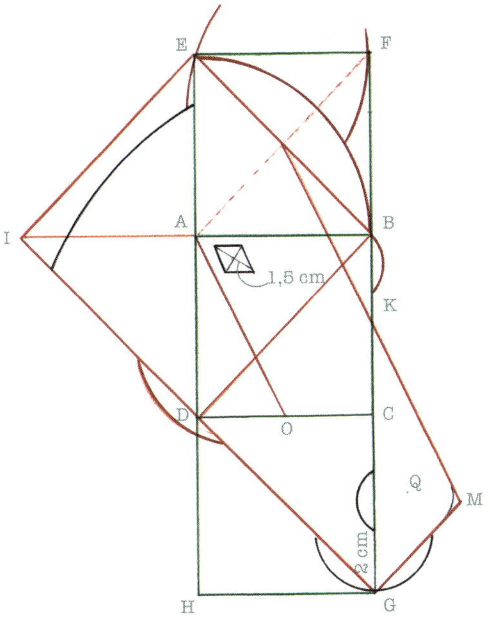

4

× Tracer le losange de l'œil, dont la diagonale la plus longue (1,5 cm) se trouve sur la bissectrice de l'angle formé par [AO] et [AB] (la diagonale la plus courte fait 1 cm, et l'intersection des deux se trouve à 1,5 cm du point A).

➤ *Voir aussi page 62.*

× Dans le carré IEBD, tracer un arc de cercle de centre C de rayon [FC] (soit 12 cm), correspondant à l'emplacement de l'encolure.

× Au milieu de CG, tracer un petit arc de cercle pour le naseau. Ajouter l'arc de cercle du menton et du nez sur [DG] et [GM]. Former l'arrondi du naseau droit en M.

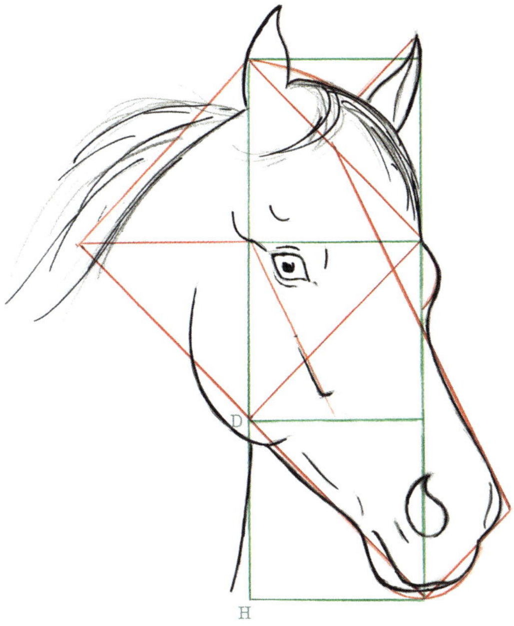

5

× Affiner la courbe des oreilles et de l'encolure.

× Dessiner le toupet et la crinière en essayant de créer l'impression de mouvement.

× Ajouter l'arc de cercle de la gorge, tangent à [DH].

× Dessiner la bouche, ajouter les détails du naseau droit et l'apophyse zygomatique, compléter la ligne de la ganache.

À SAVOIR

➤ L'échelle de ce croquis est de 10/25, c'est-à-dire que 1 cm sur le croquis de cette page équivaut à 2,5 cm dans sa réalisation sur une feuille de format A4.

6

× Ajouter les ombres pour finaliser le dessin. La source de lumière se situe ici au-dessus à droite.

➤ *Voir également page 64 pour dessiner cette tête dans l'autre sens.*

À SAVOIR

➤ Il est possible de tracer le naseau et le nez au compas en marquant un point Q à l'intérieur du triangle KMG. Pour le trouver, placer la pointe du compas sur C. Prendre le rayon [CO] (3 cm) et tracer un petit arc de cercle d'environ 1 cm. Le point Q se situe sur cet arc de cercle à environ 1,2 cm de [CG] sur une parallèle à [HG].

➤ L'arc de cercle du nez se trace en mettant la pointe du compas sur la base du naseau à 2 cm de G. Son rayon est de 2 cm et il passe par G. On notera que toutes les cotations indiquées correspondent à [AB]/2 ou [AB]/3. On peut donc tracer cette tête à partir d'un carré de n'importe quelle dimension.

Le cheval en pied de trois quarts

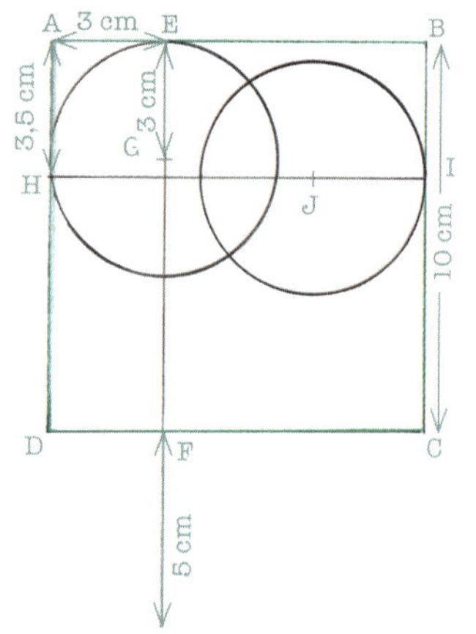

↑ ①

× Au centre d'une feuille de format A4, tracer un carré ABCD de 10 cm de côté.

× Sur le côté [AB], marquer le point E à 3 cm de A, et sur [DC], le point F à 3 cm de D.

× Tracer le segment [EF], parallèle à [AD], et le prolonger de 5 cm en F. Sur [EF], placer le point G à 3 cm de E. Tracer un cercle de centre G de rayon [GE] (3 cm). Il est tangent à [AB] et à [AD].

× Sur [AD], placer le point H à 3,5 cm de A, et sur [BC], le point I à 3,5 cm de B. Tracer [HI], et sur le segment [HI], marquer le point J à 3 cm de I. Tracer un cercle de centre J de rayon [JI] (3 cm) ; il est tangent à [BC].

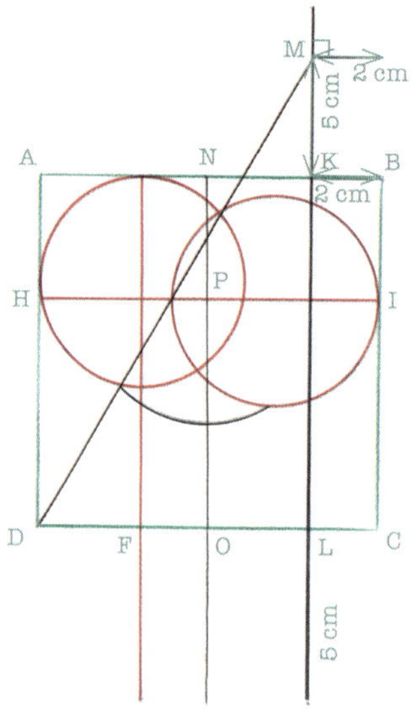

↑ ②

× Sur [AB], à 2 cm de B, marquer le point K, et sur [CD], à 2 cm de C, le point L. Relier K et L et prolonger ce segment de 5 cm de chaque côté.

× Tracer un segment commençant en D et passant par le point d'intersection supérieur des deux cercles. Le prolonger jusqu'à ce qu'il coupe la droite (KL) en un point M.

× En partant de M, tracer un segment perpendiculaire à [KM] de 2 cm.

× Marquer les points N et O au milieu de [AB] et de [CD], et les relier. [NO] coupe [HI] en P, le prolonger de 5 cm après O.

× Tracer un arc de cercle de centre P de rayon [PN] (3,5 cm).

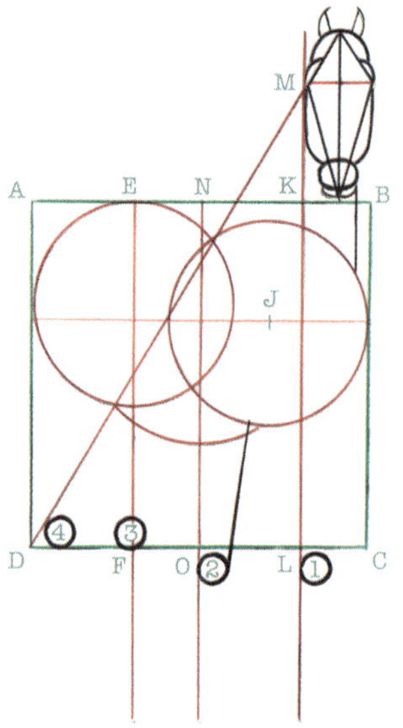

← ③

× En partant de M, construire le quadrilatère de la tête de face (voir page 28), et ajouter les principales lignes de construction.

× Relier l'ovale du nez au cercle de centre J par un segment de droite parallèle à [BC].

× Tracer le cercle 1 (genou), tangent à (KL) (de 1 cm de diamètre, comme 2, 3 et 4). Son centre est situé à 7 mm de [CD].

× Tracer le cercle 2 à la même hauteur, tangent à (NO).

× Tracer le cercle 3 au-dessus et tangent à [DC]. Son centre se situe sur [EF].

× Au-dessus et tangent à [DC], tracer le cercle 4, également tangent à la diagonale [DM].

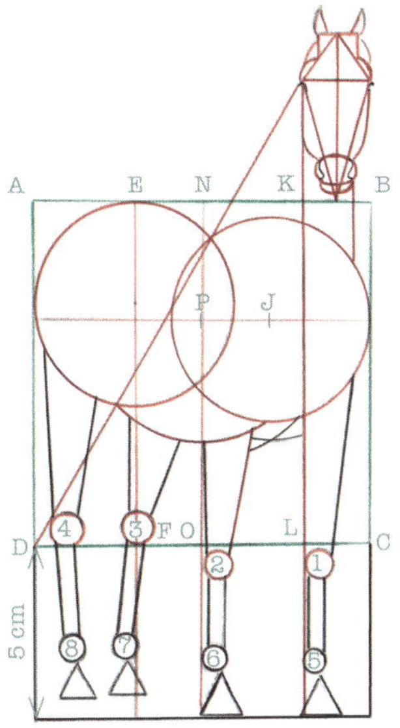

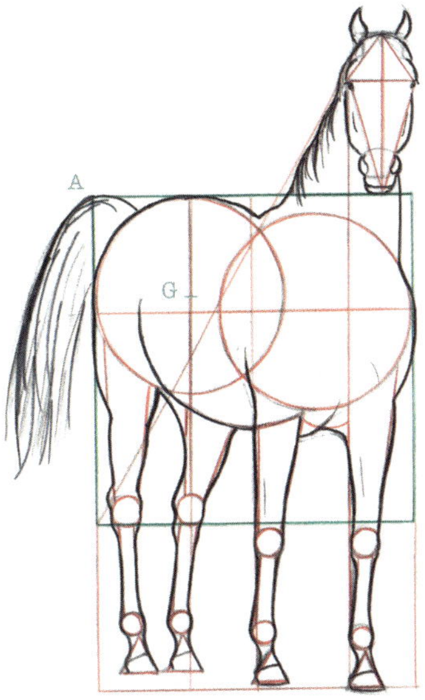

↑ 4

× Relier les cercles des genoux au haut du corps.
× Prolonger le côté [BC] et [AD] du carré de 5 cm vers le bas et tracer un segment parallèle à [CD] reliant les deux prolongements.
× Tracer les cercles 5 et 6, tangents à (KL) et à (NO). Leurs centres se situent 1,5 cm au-dessus du segment inférieur, leur diamètre est de 7 mm.
× Tracer les cercles 7, tangent à (EF), et 8, de même diamètre, leurs centres se situant 2 cm au-dessus du segment inférieur.
× Tracer les canons et les triangles des sabots.
× Tracer deux arcs de cercle pour le poitrail.

↑ 5

× Ajouter la queue, qui passe par A, et affiner les contours du corps du cheval et de la tête. Ajouter la crinière et le toupet.
× Les principales difficultés sont les membres, en particulier les jarrets de trois quarts (voir page 67).
× Marquer notamment les renflements de la cuisse sous le cercle de gauche (celui de centre G).
× Le garrot forme un petit arc de cercle au-dessus de l'intersection des deux cercles.
× Noter aussi la ligne de l'encolure sous le naseau complètement à droite.

6 →

× Ajouter les ombres au fusain ou en utilisant une autre technique (voir pages 86-87).

À SAVOIR

➤ La tête de face est 3 fois plus petite que celle vue page 30. Sa hauteur totale est de 5 cm (1,5 cm au-dessus du point d'intersection des diagonales du quadrilatère). Il est tout à fait possible d'ajouter au cheval une tête de trois quarts en s'aidant du schéma de construction de l'encolure et de la tête du cheval au trot vu pages 48-49 ou selon le modèle de la tête de trois quarts présenté pages 42-43.

➤ Pour le poitrail, tracer un arc de cercle de centre P de rayon 4 cm. Il relie [KL] à l'antérieur droit. Tracer un second arc de cercle de centre J de rayon 3,5 cm.

➤ Les canons font 5 mm de large pour 2 cm de long.

➤ Les triangles des sabots sont des triangles équilatéraux d'environ 1,2 cm de côté pour les sabots antérieurs, et 1 cm pour les postérieurs.

Le cheval au pas de trois quarts, tête de face

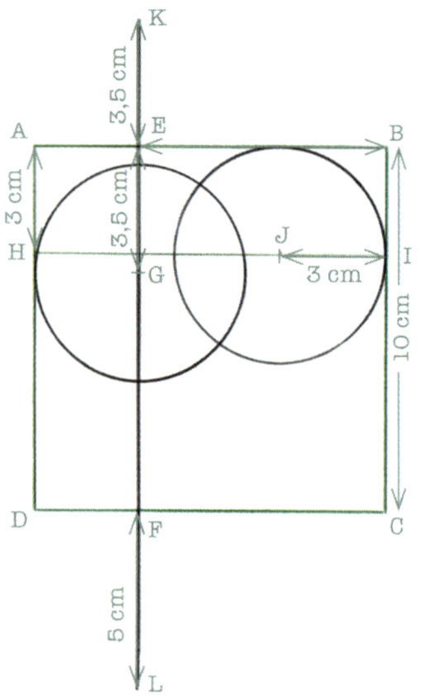

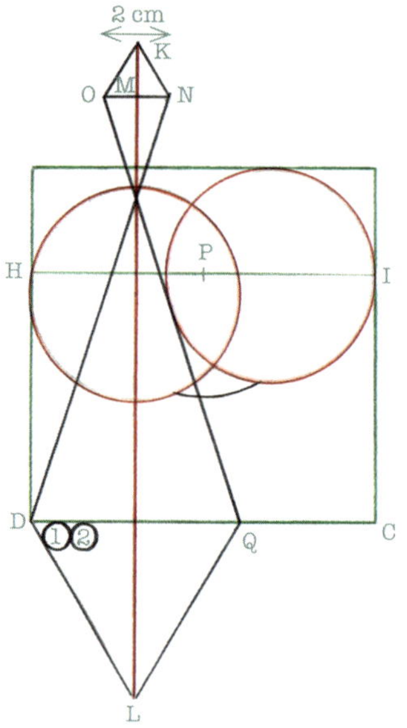

↑ ①

× Au centre d'une feuille de format A4, tracer un carré ABCD de 10 cm de côté.

× Sur le côté [AB], placer le point E à 3 cm de A, et sur [CD], le point F à 3 cm de D. Tracer [EF] parallèle à [AB] et prolonger le segment de 3,5 cm en E et de 5 cm en F. Marquer en haut et en bas les points K et L.

× Sur le segment [EF], marquer le point G à 3,5 cm de E. Tracer un cercle de 6 cm de diamètre de centre G.

× Sur le côté [AD], placer le point H à 3 cm de A, et sur [BC], le point I à 3 cm de B. Tracer le segment [HI] et placer le point J à 3 cm de I.

× Tracer un cercle de centre J de rayon [HI] (3 cm).

↑ ②

× Marquer un point P au milieu de [HI] et tracer un arc de cercle de centre P de rayon 3,5 cm joignant le bas des deux cercles (pour le ventre).

× Sur [KL], à 1,5 cm de K, marquer le point M. Tracer un segment perpendiculaire à [KL] passant par M et dont M est le milieu, long de 2 cm. Marquer N et O aux extrémités.

× Relier N à D et tracer le segment symétrique de l'autre côté de [KL] : [OQ]. Tracer [DL] et [QL].

× Tracer le premier cercle du genou (8 mm de diamètre) tangent à [DC] et [DL]. À sa droite, tracer le cercle 2, de même diamètre, également tangent à [DC].

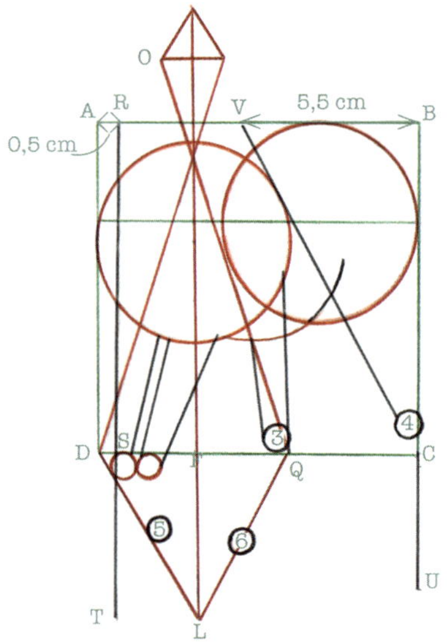

← ③

× Au-dessus et tangent à [DC], tracer le cercle 3, qui coupe [OQ]. Le cercle 4 coupe [BC] à quelques millimètres de C.

× Tracer le cercle 5 à l'intérieur du triangle équilatéral DQL, tangent à [DL] (centre équidistant de D et L), et le cercle 6, dont le centre est situé sur [QL].

× Sur [AB], marquer le point R à 5 mm de A, et sur [DC], le point S à 5 mm de D. Tracer [RS] parallèle à [AB], et le prolonger de 5 cm jusqu'au point T. Prolonger [BC] de 4 cm vers le bas jusqu'au point U.

× Sur [AB], marquer le point V à 5,5 cm de B, et tracer [VC], puis les 5 autres segments du haut des membres.

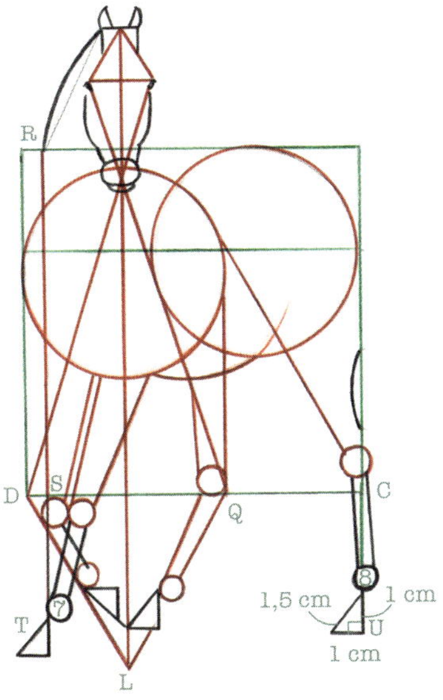

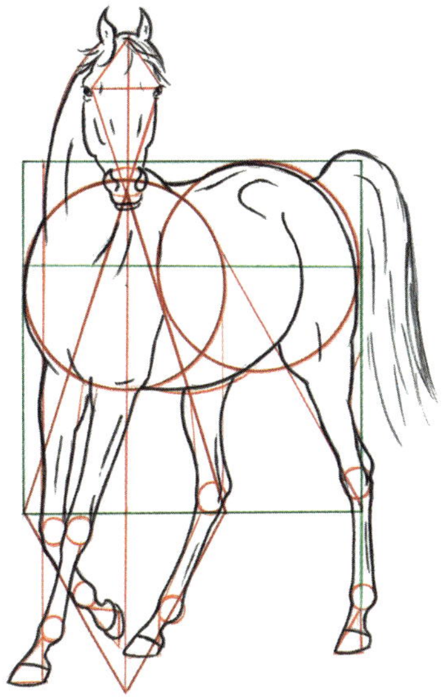

↑ 4

× Tangent à [ST], tracer le cercle 7, et les canons des antérieurs, sachant qu'ils font 2 cm de long et que l'un des segments de l'antérieur droit est une portion de [DL].
× Terminer les lignes de construction de la tête (voir page 30).
× Tracer l'arc de cercle de l'encolure et celui de la cuisse gauche (dans le prolongement de celui du ventre).
× Depuis U, tracer le triangle rectangle du sabot et, juste au-dessus, le cercle 8. Il est coupé en son centre par [CU].
× Tracer les autres triangles des sabots et compléter les canons des postérieurs.

↑ 5

× Affiner les contours du corps du cheval.
× Les principales difficultés sont les membres, en particulier les jarrets de trois quarts (voir page 67). Observer notamment le renflement de la cuisse gauche.
× Ne pas oublier la courbe du garrot au dessus de l'intersection des deux cercles.
× La tête est ici légèrement tournée. La courbe de la joue droite est plus large que celle de la joue gauche.

6 →

× Ajouter des ombres et finaliser les volumes.

À SAVOIR

➤ Pour bien réussir l'arc de cercle de l'encolure, relier d'abord R à la base de l'oreille par un segment de droite.
➤ On peut noter que de nombreuses lignes courbes sont des arcs de cercles de même courbure et de 2 à 3 cm de long, et que les pointes des jarrets sont des losanges arrondis.
➤ Les cercles 3 et 4 ont le même diamètre que les cercles 1 et 2. Celui des boulets est de 6 mm.
➤ Pour dessiner le sabot arrière gauche, tracer un segment perpendiculaire à [CU] depuis U de 1 cm, puis le 3e côté de ce triangle rectangle de 1,5 cm. Les autres sabots sont des triangles rectangles isocèles dont les côtés égaux font 1 cm.
➤ Les canons des postérieurs sont constitués de deux segments parallèles, dont l'un (canon postérieur droit) est une portion de [QL].

Le cheval au trot de trois quarts

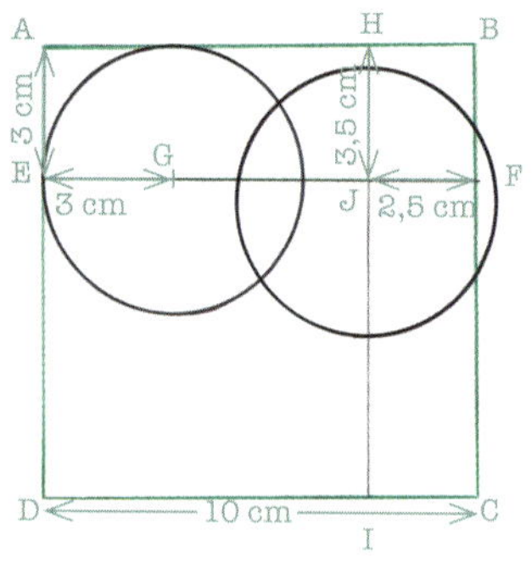

↑ ①

× Au centre d'une feuille de format A4, tracer un carré ABCD de 10 cm de côté.
× Sur le côté [AD], marquer le point E à 3 cm de A, et sur le côté [BC], placer le point F à 3 cm de B. Tracer le segment [EF] parallèle à [AB].
× Sur le segment [EF], placer le point G à 3 cm de E et tracer un cercle de 6 cm de diamètre de centre G.
× Sur le côté [AB], placer le point H à 2,5 cm de B, et sur le côté [DC], placer le point I à 2,5 cm de C. Tracer [HI].
× Sur le segment [HI], placer le point J à 3,5 cm de H et tracer un cercle de 6 cm de diamètre de centre J.

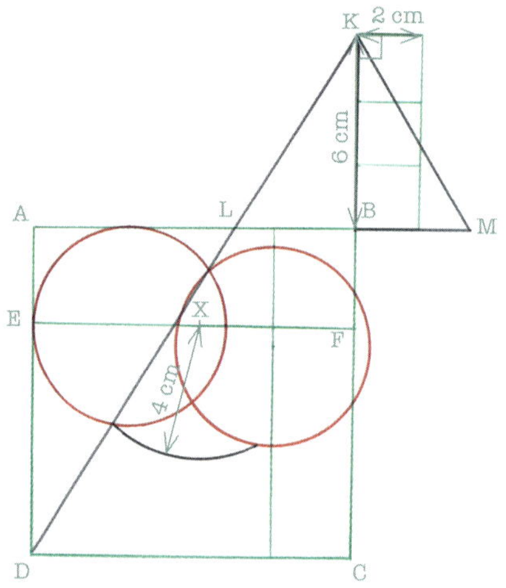

↑ ②

× Marquer le point X sur [EF] au centre de l'intersection des deux cercles et tracer un arc de cercle de centre X de rayon 4 cm les reliant.
× Prolonger [BC] de 6 cm en B. Au bout de ce segment, marquer le point K. Relier K à D. À l'intersection avec [AB], marquer L.
× En partant de K, tracer un segment de 2 cm vers la droite, perpendiculaire à [BK]. Former à partir de ce segment un rectangle de 2 x 6 cm constitué de trois carrés de 2 cm de côté (voir pages 42 et 64).
× Prolonger [AB] en B d'une longueur égale à [LB], marquer le point M et tracer [MK] (KLM est un triangle isocèle).

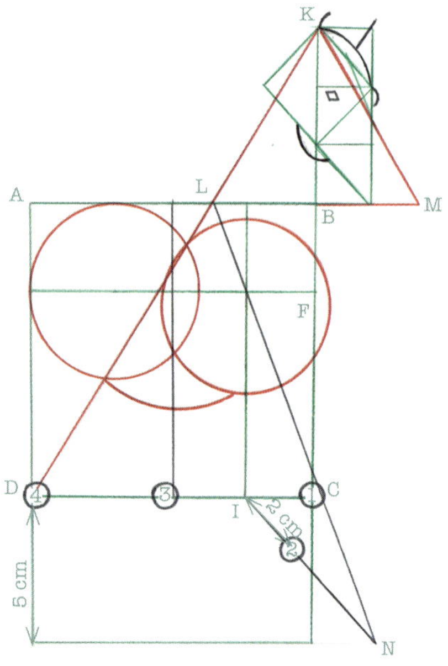

← ③

× Placer les traits de construction de la tête (voir page 42).
× Tracer les cercles 1, 3 et 4 des genoux, tous sécants de (CD) (1 cm de diamètre).
× Tracer le segment partant de L et passant par le point d'intersection supérieur entre le cercle 1 et [BC].
Le prolonger de 6 cm, marquer le point N à l'extrémité.
[LN] forme la ligne supérieure du canon de l'antérieur droit.
× Tracer [NI] et dessiner le cercle 2, de 1 cm de diamètre, en sachant que son centre est sur [NI] à 2 cm de I.
× Prolonger les côtés [AD] et [BC] du carré de 5 cm en C et D, et marquer le point O à l'extrémité du premier. Tracer [ON], parallèle à [DC].

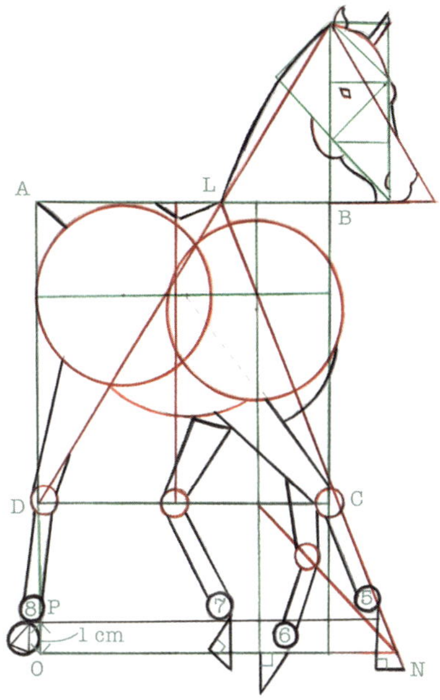

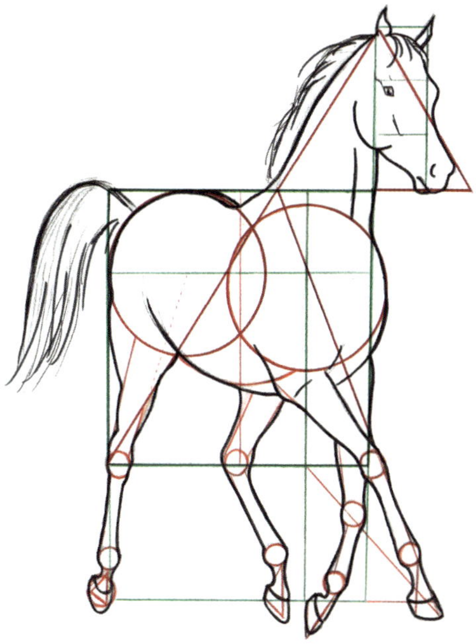

↑ 4

× Sur [AO], à 1 cm de O, placer le point P. Tracer le segment commençant en P, parallèle à [DC] et finissant sur [LN].

× Placer les cercles des boulets, de diamètre 8 mm, et tracer les trois premiers triangles des sabots (triangles rectangles).

× Pour le sabot postérieur droit, tracer un cercle tangent au boulet 8 (voir également page 67) et y inscrire un triangle. Compléter les lignes de construction des membres.

× Affiner la silhouette (V formé par la croupe et le garrot, arc de cercle de l'encolure, bout du nez). Placer la base de la queue (diagonale du carré passant par A).

↑ 5

× Dessiner la queue en arc de cercle, la crinière et le toupet.

× En partant de la structure mise en place, affiner le reste du corps.

× Noter le renflement de la cuisse gauche et celui du garrot.

➤ *Voir aussi page 67 pour les parties les plus délicates.*

6 →

× Ajouter les ombres pour finaliser le dessin.

➤ *Voir également page 90.*

BIEN PLACER LES CERCLES DES ARTICULATIONS

➤ Le cercle 1 a son centre en C, le cercle 3 a son centre sur [CD] à l'intersection d'une tangente au cercle de centre J perpendiculaire à [CD], le cercle 4 a son centre sur [DK] à environ 2 mm de D.

➤ Le cercle du boulet du postérieur droit (8) coupe légèrement [AO], le centre de celui du postérieur gauche (7) est 6,5 cm plus à droite sur une ligne parallèle à [ON].
Le boulet de l'antérieur droit (5) est tangent à [IN] et sécant à [LN] et celui de l'antérieur gauche (6) est situé entre les deux segments inférieurs et son centre est à 1,5 cm à gauche de [BC].

Le cheval au galop de trois quarts

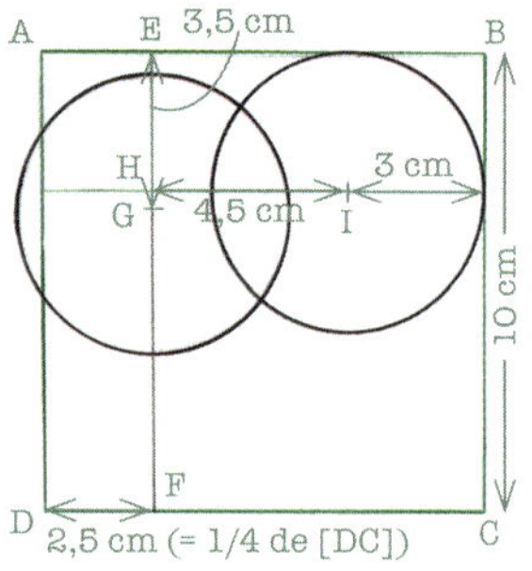

↑ ①

× Au centre d'une feuille de format A4, tracer un carré ABCD de 10 cm de côté.
× Sur le côté [AB], placer le point E à 2,5 cm de A, et sur le côté [DC], placer le point F à 2,5 cm de D. Tracer le segment [EF] parallèle à [AD].
× Sur le segment [EF] placer le point G à 3,5 cm de E, et tracer un cercle de 6 cm de diamètre de centre G.
× Sur le segment [EG] marquer le point H à 5 mm de G, et tracer le segment parallèle à [AB] passant par H.
× Sur ce segment, à 4,5 cm de H, marquer le point I et tracer un cercle de 3 cm de rayon de centre I.

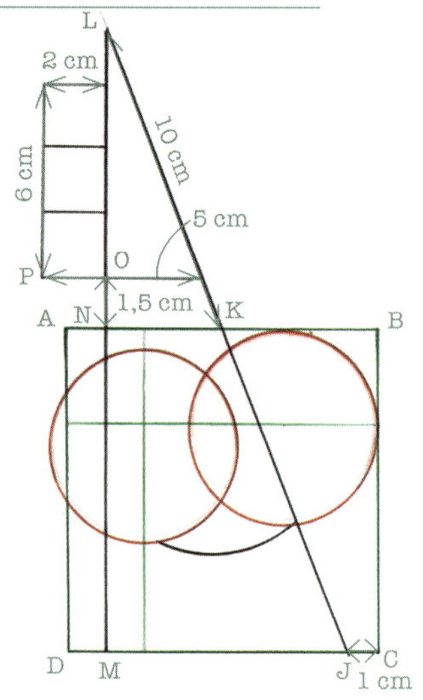

↑ ②

× Sur [DC], à 1 cm de C, marquer le point J, et au milieu de [AB], marquer le point K.
× Tracer [JK] et prolonger ce segment de 10 cm. Marquer le point L.
× En partant de L, tracer un segment parallèle à [AD] finissant sur [DC] en M. Il coupe [AB] en N.
× Sur [LN], à 1,5 cm de N, marquer le point O. Tracer un segment parallèle à [AB], partant de [LJ] et passant par O de 5 cm, et marquer le point P à l'extrémité gauche.
× Partir du segment [OP] pour construire le rectangle (2 x 6 cm).

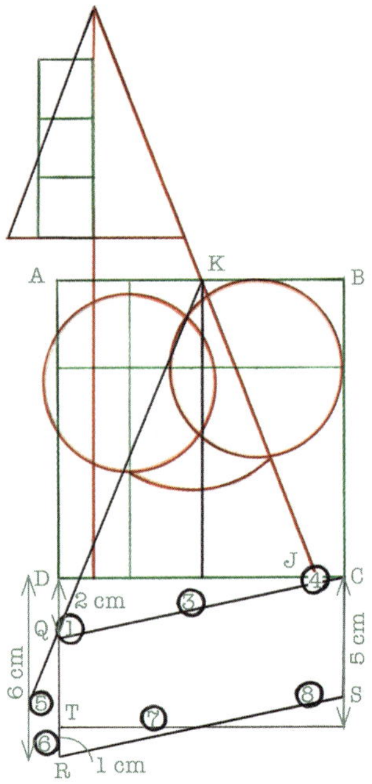

← ③

× Prolonger [BC] de 5 cm et [AD] de 6 cm. À l'extrémité du prolongement de [AD], marquer le point R, et à 2 cm de D, le point Q.
× Tracer [KQ] et le prolonger de 2 cm en Q. Tracer [QC].
× En partant de R, tracer le segment parallèle à [QC] qui se termine sur [BC) au point S.
× Sur [DR], à 1 cm de R, marquer le point T et tracer le segment parallèle à [DC] commençant en T et finissant sur [BC).
× Tracer les cercles 1, 3 et 4 des genoux et des jarrets (diamètre 10 mm) en vous repérant par rapport à [QC], et ceux des boulets (5, 6, 7, 8 – diamètre 8 mm), en vous aidant de (KQ) et [RS].

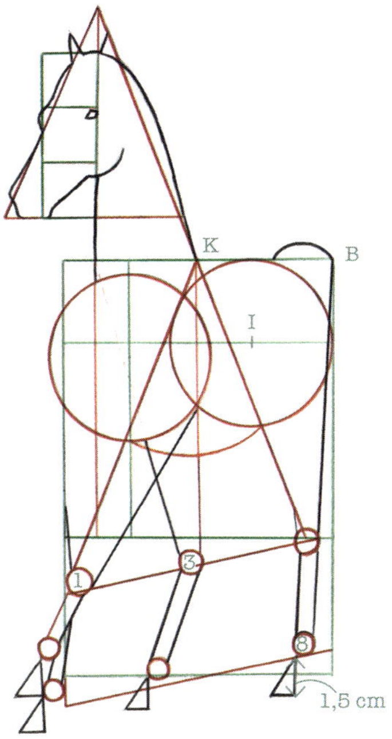

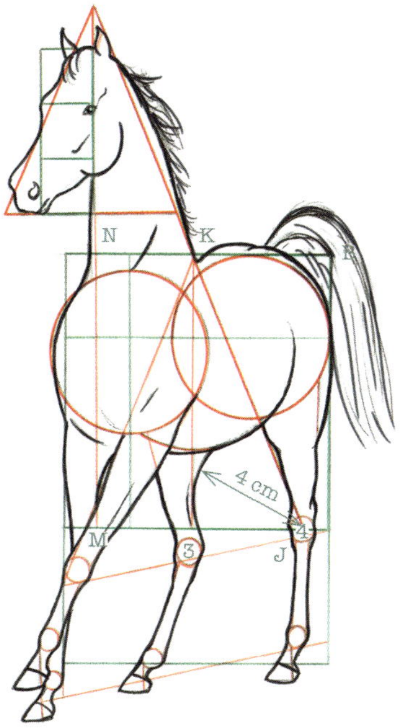

4

× Tracer les deux segments manquants pour relier les cercles 1 et 3 au haut du corps.
× Tracer la droite reliant B au cercle 8 avant d'ajouter les autres lignes des canons, parallèles et espacées de 6 mm.
× Tracer les triangles rectangles isocèles des sabots (longueur des deux côtés égaux : 1,5 cm). Ceux des antérieurs droit et gauche ont un côté situé sur une même ligne.
× Ajouter l'arc de cercle de l'encolure qui joint K au sommet de la tête.
× Ne pas oublier la base de la queue, qui prend naissance sur le cercle de centre I et forme un arc de cercle jusqu'à B.

5

× Ajouter le petit arc de cercle formé par l'avant-bras droit à droite de [NM].
× Ajouter l'arc de cercle de l'arrière de la cuisse droite au-dessus du cercle 3 (il peut être tracé au compas : son centre est à l'intersection du cercle 4 et de [KJ], son rayon de 4 cm).
× La partie la plus délicate est la cuisse gauche, constituée de plusieurs courbes.
× Finaliser l'arrondi de la croupe et la queue.
× Terminer les articulations et les sabots (voir page 67 si besoin).

6

× Ajouter les ombres pour finaliser le dessin.
➤ *Voir également page 85.*

À SAVOIR

➤ La difficulté consiste à bien positionner les cercles des genoux : 1, 2, 3 et 4 sont tous coupés par [QC] (1 cm de diamètre) : le premier est tangent à [AR], le troisième est au milieu de [QC], le quatrième coupe à la fois [DC], [KJ] et [QC]. Le cercle 5 est à l'extrémité de [KQ] et les centres des cercles 6, 7 et 8 sont quelques millimètres au-dessus de [RS]. Le centre du cercle 7 est à un peu moins de 4 cm de celui du cercle 6.

➤ Ne pas hésiter à prolonger les lignes des avant-bras pour bien les tracer. La ligne arrière de l'avant-bras gauche part par exemple du point d'intersection inférieur des deux grands cercles.

Les allures de trois quarts

De trois quarts, les cadrages possibles sont beaucoup plus nombreux que de face ou de profil. Par ailleurs, le cheval peut également tourner plus ou moins la tête.
Voici quelques attitudes dans d'autres temps du pas, du trot et du galop, avec quelques cotations permettant de réaliser ces dessins. Ces attitudes ne décomposent pas tous les temps d'une allure. Elles ont plutôt été choisies en fonction de critères géométriques et esthétiques.
Il est possible de se construire d'autres modèles en remplaçant par exemple la tête d'un modèle par celle d'un autre.

Le pas

× Le cheval lève l'antérieur droit et le postérieur gauche (croquis 1). On notera que la tête de trois quarts face peut se construire à partir d'un quadrilatère comme pour la tête de face (voir page 30). Pour repérer l'emplacement des genoux, des jarrets et des boulets, on peut tracer deux arcs de cercle de centre X et de rayons 7 et 11 cm.

× Le cheval lève l'antérieur et le postérieur gauches (croquis 2). La tête de trois quarts est celle vue page 42.

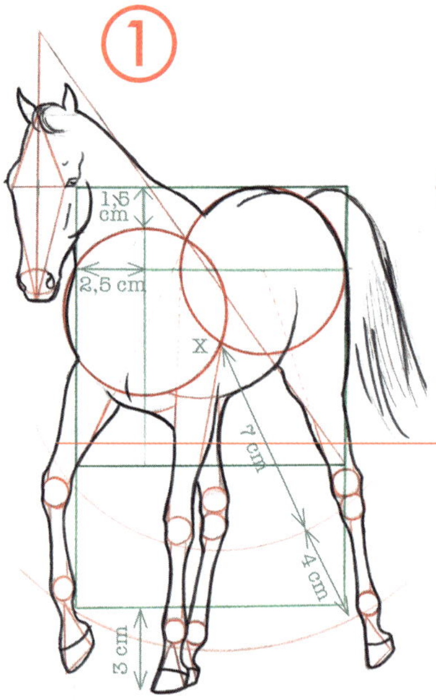

Le trot

× Le cheval pose ici le diagonal gauche au sol (croquis 3). La tête de trois quarts est celle vue page 42.

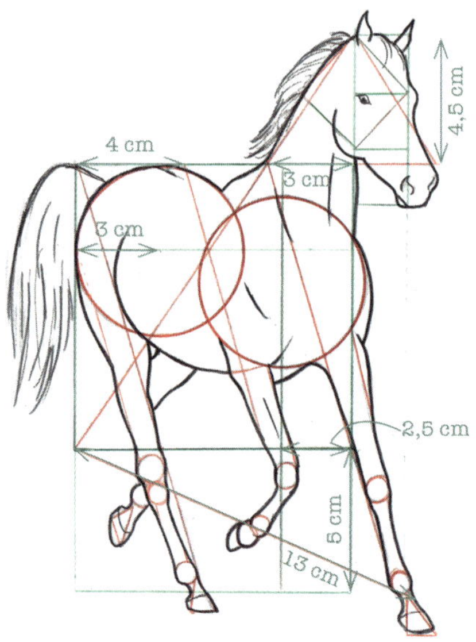

Le galop

× Il s'agit ici du premier temps d'un petit galop à gauche (croquis 4). La tête de trois quarts est celle vue page 42.

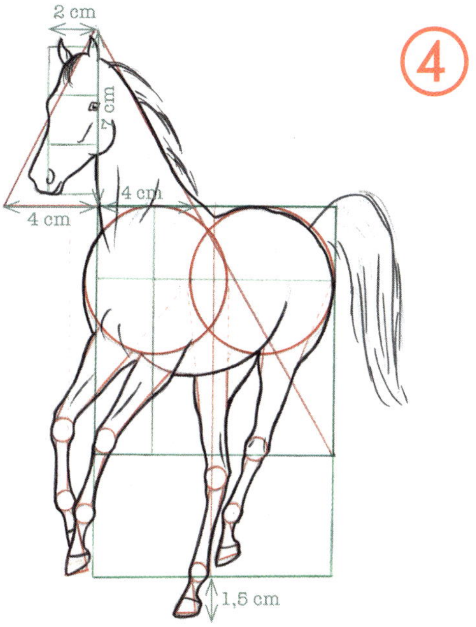

× Le cheval a trois membres posés au sol (croquis 5). La tête de trois quarts est celle vue page 42. Pour repérer l'emplacement des articulations, on peut tracer deux arcs de cercle de centre X et de rayons 8,5 et 10,5 cm.

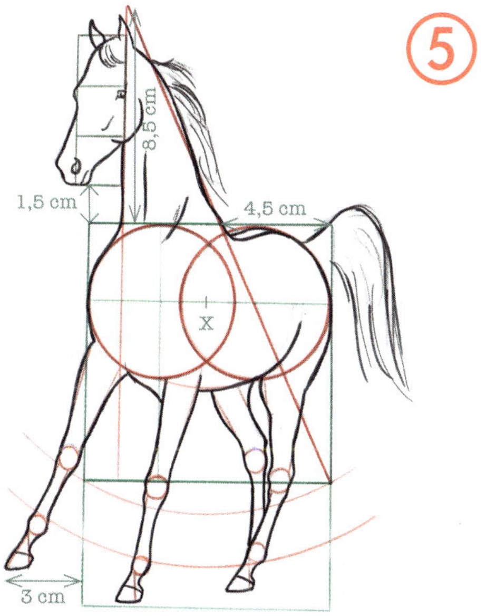

× Juste avant le temps de suspension du galop à gauche, le cheval n'a que le postérieur gauche au sol (croquis 6). La tête de trois quarts est celle vue page 42, mais penchée en raison du mouvement de balancier de l'encolure. Pour repérer l'emplacement des genoux et des sabots postérieurs, on peut tracer un arc de cercle de centre X et de rayon 10 cm.

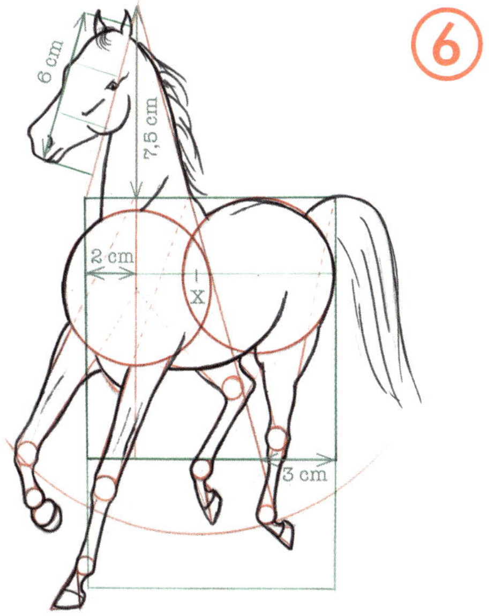

Le cheval en pied de dos

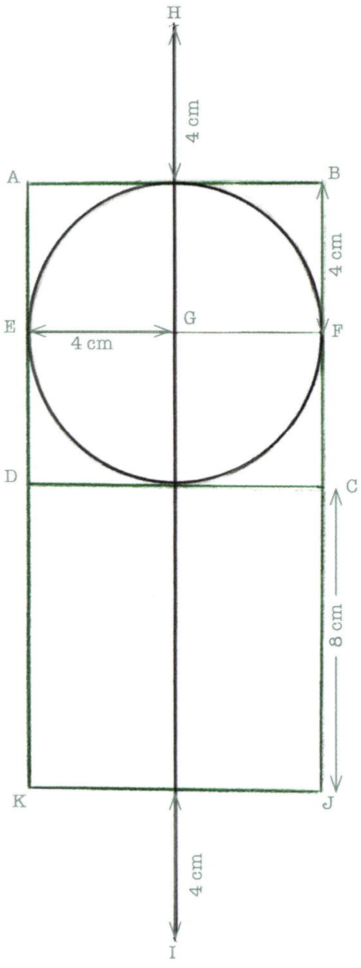

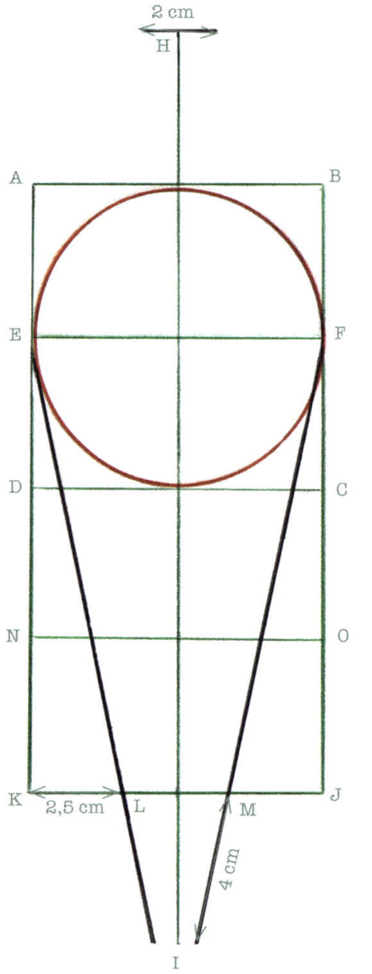

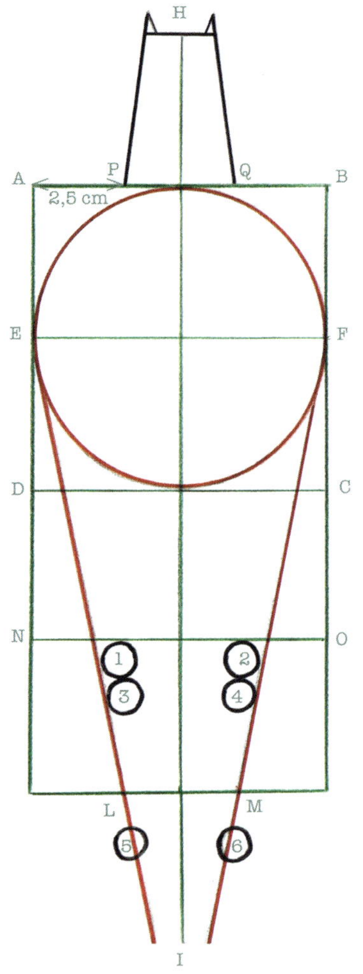

1

× Plier une feuille A4 en 4 et dessiner au-dessus du pli horizontal un carré ABCD de 8 cm de côté. Le côté [DC] correspond au pli horizontal.

× Au milieu de [AD], marquer le point E, et au milieu de [BC], le point F. Tracer [EF], et au milieu de [EF], marquer le point G. Tracer un cercle de centre G de rayon [EG] (4 cm).

× Prolonger [BC] et [AD] de l'équivalent de leur longueur en C et D. Marquer les points J et K et tracer le carré DCKJ.

× Tracer un segment passant par G (pli vertical) d'une longueur équivalente à [AB] au-dessus et à [AB] x 2 au-dessous. Marquer les points H et I.

2

× Sur le segment [JK], à 2,5 cm de K, marquer le point L, et à 2,5 cm de J, marquer le point M.

× Relier E et L, et F et M, et prolonger ces segments de 4 cm après L et M.

× Tracer un segment de droite de 2 cm passant par le point H, perpendiculaire à [HI] et parallèle à [AB], dont H est le milieu.

× Au milieu de [DK], marquer le point N, et au milieu de [CJ], le point O. Tracer [NO].

3

× Entre les segments [EL] et [FM] et l'axe de symétrie [HI], disposer les cercles 1 à 4, tangents à [NO], [EL] et [FM], de 8 mm de diamètre. Ils dessinent deux 8.

× À environ 1 cm sous les points L et M et 1 cm de [HI], dans l'alignement des cercles 1 et 3, et 2 et 4, tracer les cercles 5 et 6.

× Sur le côté [AB], à 2,5 cm de A, marquer le point P, à 2,5 cm de B, marquer le point Q.

× Relier P et Q à chaque extrémité du segment de milieu H. Prolonger les segments ainsi tracés de 5 mm et dessiner les petits triangles des oreilles (base 3 mm).

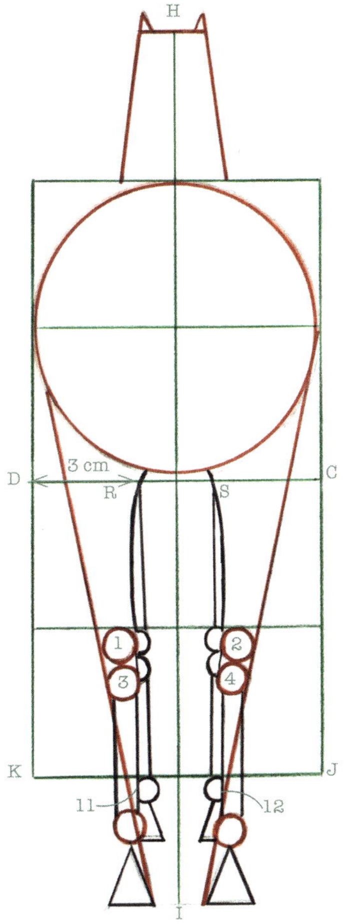

4

× Sur le côté [CD], à 3 cm de C et D, marquer les points R et S.

× En partant de R et S tracer deux lignes très légèrement courbes qui relient R et S à la circonférence des cercles 1 et 3, et 2 et 4 (symétriques par rapport à [HI]).

× Tracer les lignes verticales des canons (6 mm de large).

× Placer les triangles isocèles des boulets (le plus petit côté fait 1,3 cm).

× Tracer les antérieurs en partant de R et S, les doubles cercles des genoux derrière ceux des postérieurs, ainsi que les cercles des boulets antérieurs 11 et 12 sous et tangents à [JK]. La perspective les fait paraître plus petits.

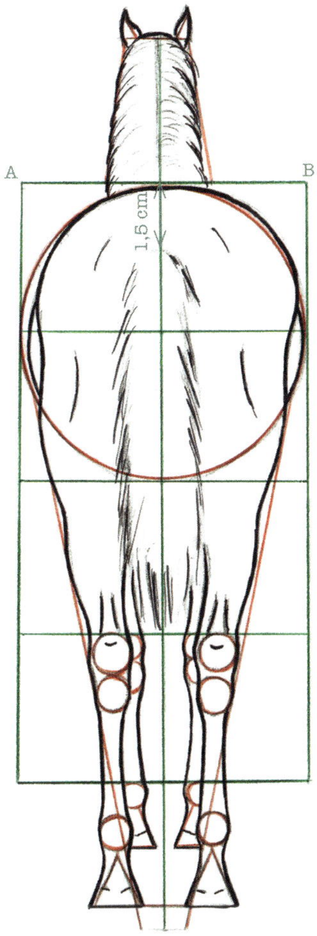

5

× Finaliser les oreilles et la crinière, qui retombe de chaque côté de l'axe de symétrie centrale.

× À l'intérieur du cercle principal, affiner le dessin de la croupe et des cuisses du cheval : elles forment un S à gauche du cercle et un S inversé à droite. Noter les petits arcs de cercle sur les cuisses.

× Ajouter la queue : sa base est à 1,5 cm de [AB]. Sa largeur est de 2 cm, sa longueur de 10 cm.

× Pour les postérieurs et les sabots vus de dos, voir page 68.

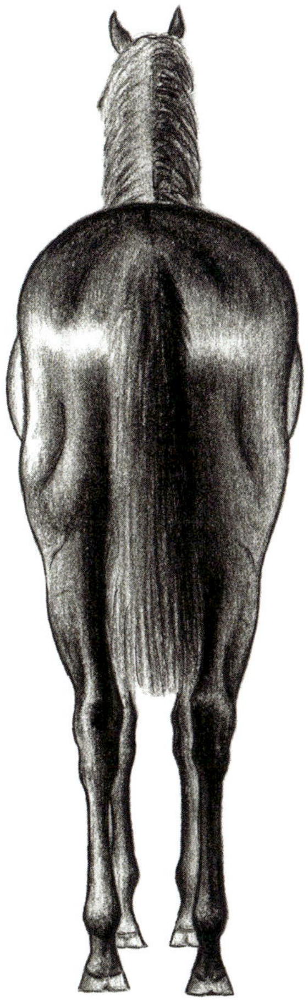

6

× Ajouter les ombres au fusain.

➤ *Pour cette technique, voir également page 86.*

ÉCHELLES ET MULTIPLICATIONS

➤ L'échelle des dessins des chevaux de face et de dos est de 1/2 (la dimension du croquis est égale à celle indiquée divisée par 2).

➤ Si l'on réalisait le dessin du cheval de dos en partant d'un carré ABCD de 64 cm de côtés, on se retrouverait avec un cheval grandeur nature ! En effet, le garrot étant à peu près à la même hauteur que [AB], le dessin ferait 64 + 64 + 32 cm de haut, soit 160 cm. Il suffit de faire une multiplication par 8 (voir aussi page 76).

Le cheval au trot de trois quarts dos

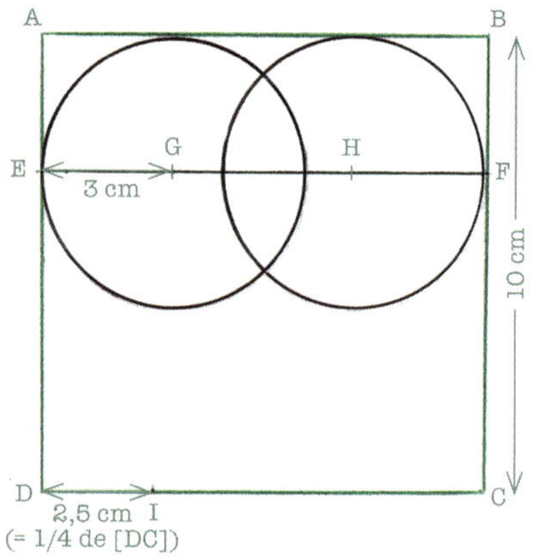

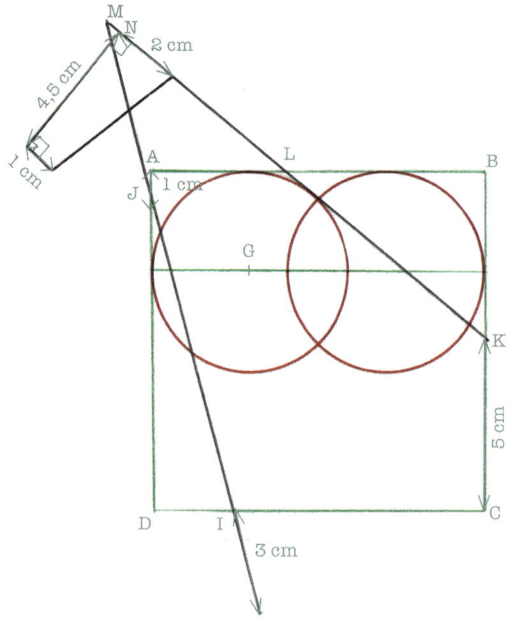

↑ ①

× Au centre d'une feuille A4 prise dans le sens de la hauteur, tracer un carré ABCD de 10 cm de côté.

× Sur [AD], marquer le point E à 3 cm de A et, sur [BC], le point F à 3 cm de B. Tracer le segment [EF] parallèle à [AB].

× À 3 cm de E sur [EF], marquer le point G et, à 3 cm de F, le point H. Tracer deux cercles de rayon 3 cm et de centres G et H.

× Sur la base [DC] du carré, à 2,5 cm de D, marquer le point I.

↑ ②

× Sur le côté [AD], à 1 cm de A, marquer le point J. Relier I et J et prolonger ce segment d'un peu plus de 5 cm en J et 3 cm en I.

× Au milieu de [BC], marquer le point K. En partant de K, tracer un segment tangent au cercle de centre G qui coupe [AB] en L et (IJ) en M. Sur [KM], à 5 mm de M, marquer le point N.

× En partant de N, tracer un segment perpendiculaire à [KM] long de 4,5 cm.

× Tracer le trapèze de la tête (1 cm de largeur à l'emplacement du nez, et 2 cm sur [KM]).

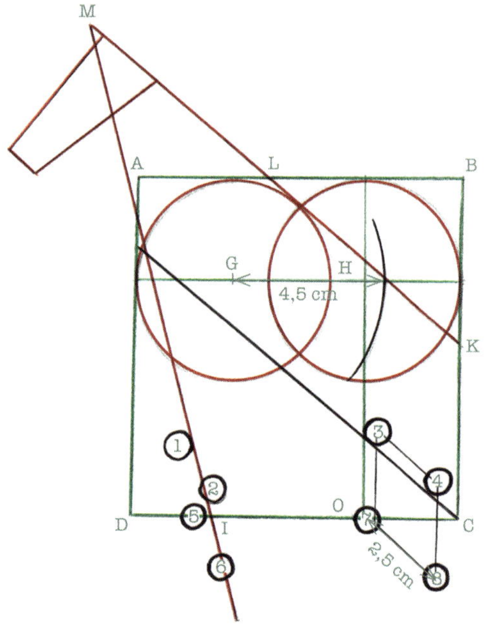

← ③

× Tracer un arc de cercle de centre G de rayon 4,5 cm à l'intérieur du cercle de centre H.

× Tracer le segment parallèle à [KM] reliant C à [AD] et celui parallèle à [BC] passant par H. Il arrive sur [CD] en O.

× Tracer les cercles des articulations en commençant par ceux des antérieurs. Les cercles des genoux et des jarrets (1, 2, 3 et 4) font 7 mm de diamètre, ceux des boulets 6 mm.

× Les cercles 3, 4, 7 et 8 forment un losange. Leurs centres sont distants de 2,5 cm. Pour situer ce losange, tracer une parallèle à 3 mm à droite de (HO) et une autre à 3 mm au-dessus du segment reliant C à [AD].

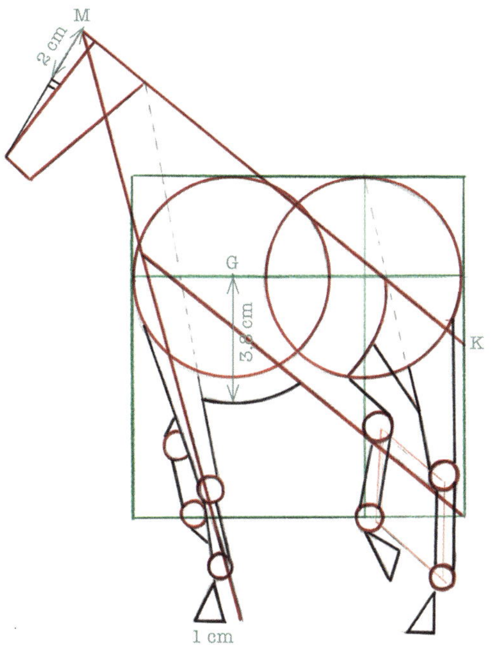

↑ 4

× Relier les cercles comme indiqué. L'arrière du postérieur gauche est sur une parallèle à [KM] passant par G
× Placer les triangles rectangles des postérieurs et celui, isocèle, de l'antérieur gauche. Le côté qui sert de base mesure 1 cm.
× Relier le bout du nez (plus petit côté du trapèze) à M et dessiner le losange de l'œil entre 1,7 et 2 cm de M.
× Tracer l'arc de cercle du ventre de centre G de rayon 3,8 cm.

↑ 5

× Dessiner la tête en traçant d'abord une parallèle au quadrilatère tracé au début pour le chanfrein depuis le dessous de l'œil. Le nez, lui, est formé d'une petite parallèle à 2 mm du petit côté du trapèze, et la bouche est parallèle à cette base. La joue est un arc de cercle de rayon 8 mm dont le centre est situé sur une parallèle à [MK] passant par la base de l'œil.
× Tracer le S inversé formé par la crinière et terminer les autres lignes courbes.
× Enfin ajouter la ligne de la croupe à l'intérieur du deuxième cercle, prolongée par l'arc de cercle de la queue.

6 →

× Effacer les lignes de construction et ajouter les ombres.
➤ *Voir également page 75.*

À SAVOIR
➤ Essayer de trouver le prolongement des autres droites formant les membres sur ce croquis. Elles passent souvent par des points existant déjà.
➤ Noter la courbe de l'antérieur gauche et la vague que dessine la cuisse gauche.
➤ Le cercle 1 est tangent à [MI] et son centre se situe à 2,5 cm de l'intersection basse entre [MI] et le cercle de centre G, le cercle 2 coupe [MI] environ 1,5 cm en dessous. Le cercle 6 est sur (MI) à 1,5 cm de I.

La perspective cavalière

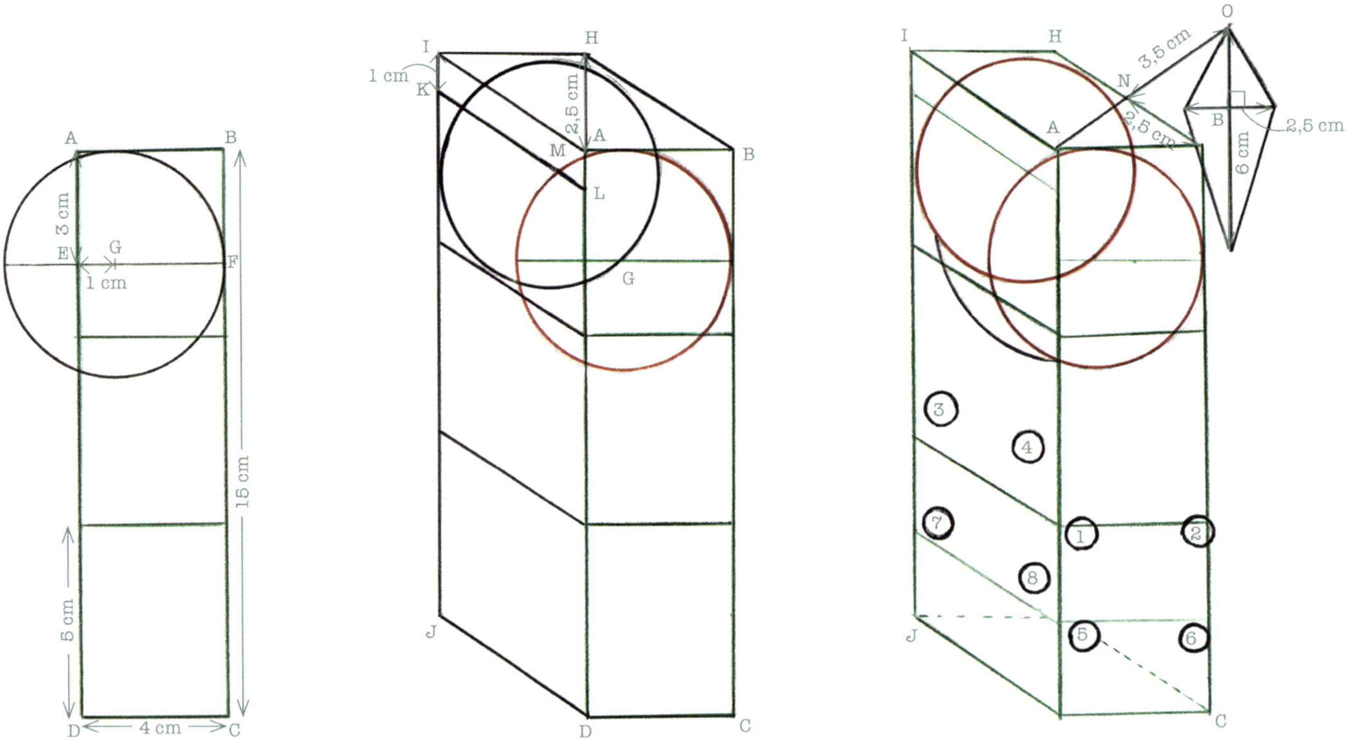

①	②	③
× Tracer un rectangle ABCD de 4 cm de large et de 15 cm de haut. × Sur le côté [AD], à 3 cm de A, marquer le point E. Sur le côté [BC], à 3 cm de B, marquer le point F. × Sur le segment [EF], à 1 cm de E, marquer G. Tracer le cercle de centre G de rayon 3 cm. × Diviser le rectangle ABCD en 3 rectangles égaux de 4 x 5 cm.	× En A, prolonger le segment [AD] de 2,5 cm. Marquer le point H. Relier H et B. × Tracer [HI] parallèle à [AB] et de même longueur, puis [IA] pour compléter le parallélogramme ABHI. × En partant de I, tracer [IJ] parallèle à [AD] et de même longueur. × Tracer deux segments parallèles à [IA] pour diviser le parallélogramme ADJI en 3 parties égales. × Sur le côté [IJ], à 1 cm de I, marquer le point K, et sur le côté [AD], à 1 cm de A, marquer le point L. × Tracer [KL] parallèle à [IA]. Ce segment coupe le cercle de centre G en M. × Tracer le cercle de centre M de rayon 3 cm.	× Relier les deux cercles à leur base par un arc de cercle comme indiqué. × Sur le côté [HB], à 2,5 cm de B, marquer le point N. Tracer le segment [AN] et le prolonger de 3,5 cm en N. Marquer le point O à son extrémité. × En partant de O, former le quadrilatère de la tête. Sa diagonale la plus longue fait 6 cm. × En J et C, tracer avec des pointillés les parallèles à [IH] et [HB] et disposer les 8 cercles des articulations comme indiqué (diamètre 8 mm). Les 4 cercles des antérieurs forment un rectangle, ceux des postérieurs un losange.

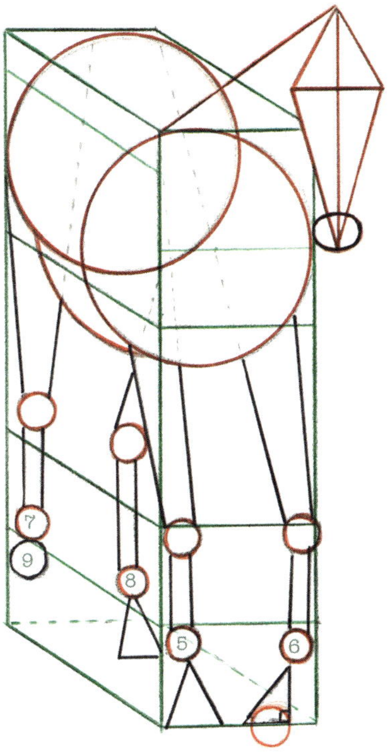

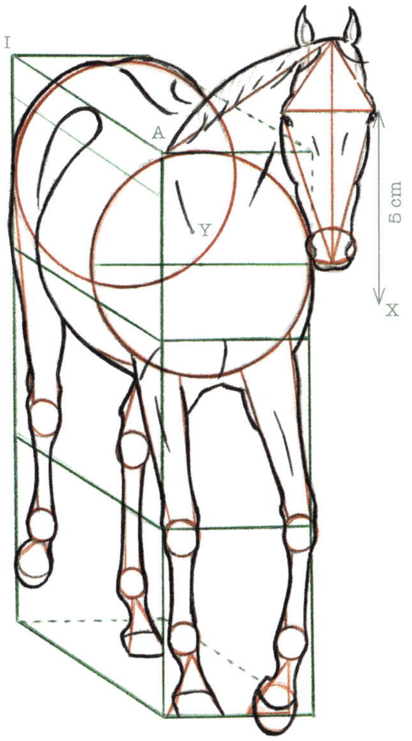

4

× Relier les cercles comme indiqué. Prolonger si besoin les lignes pour déterminer leur orientation. Les lignes des canons sont parallèles aux lignes verticales du rectangle sauf celles de l'antérieur gauche (largeur des canons : 5 mm).

× Ajouter les triangles des sabots en dessous des cercles 5, 6 et 8. Les côtés font de 1 à 1,5 cm de long et le triangle situé en dessous du cercle 6 est rectangle. Son côté droit est dans le prolongement du canon.

× En dessous du cercle 7, tracer le cercle 9.

5

× Pour dessiner la tête, voir aussi page 30. Vue de dessus, on n'aperçoit pas la lèvre inférieure.

× Ajouter l'arc de cercle de l'encolure qui joint A au sommet de la tête.

× Ajouter les courbes comme indiqué. La ligne du dos dessine un S inversé. Le prolongement de la courbe du ventre sous [IA] dessine une goutte à l'envers dont la partie la plus large fait 1 cm.

× Si la queue est courte, elle ne sera pas visible sous cet angle.

6

× Ajouter les ombres après avoir retiré les lignes de construction pour finaliser le dessin.

➤ *Voir également page 90 (réalisation à l'encre de Chine).*

À SAVOIR

➤ L'arc de cercle de l'encolure peut être tracé au compas à partir du point X, 5 cm sous l'œil gauche du cheval (avec un rayon [XA]).

➤ Le centre de l'arc de cercle du ventre Y est situé sur la diagonale [AC] à 2 cm de A (son rayon est de 4 cm).

La perspective à un point de fuite

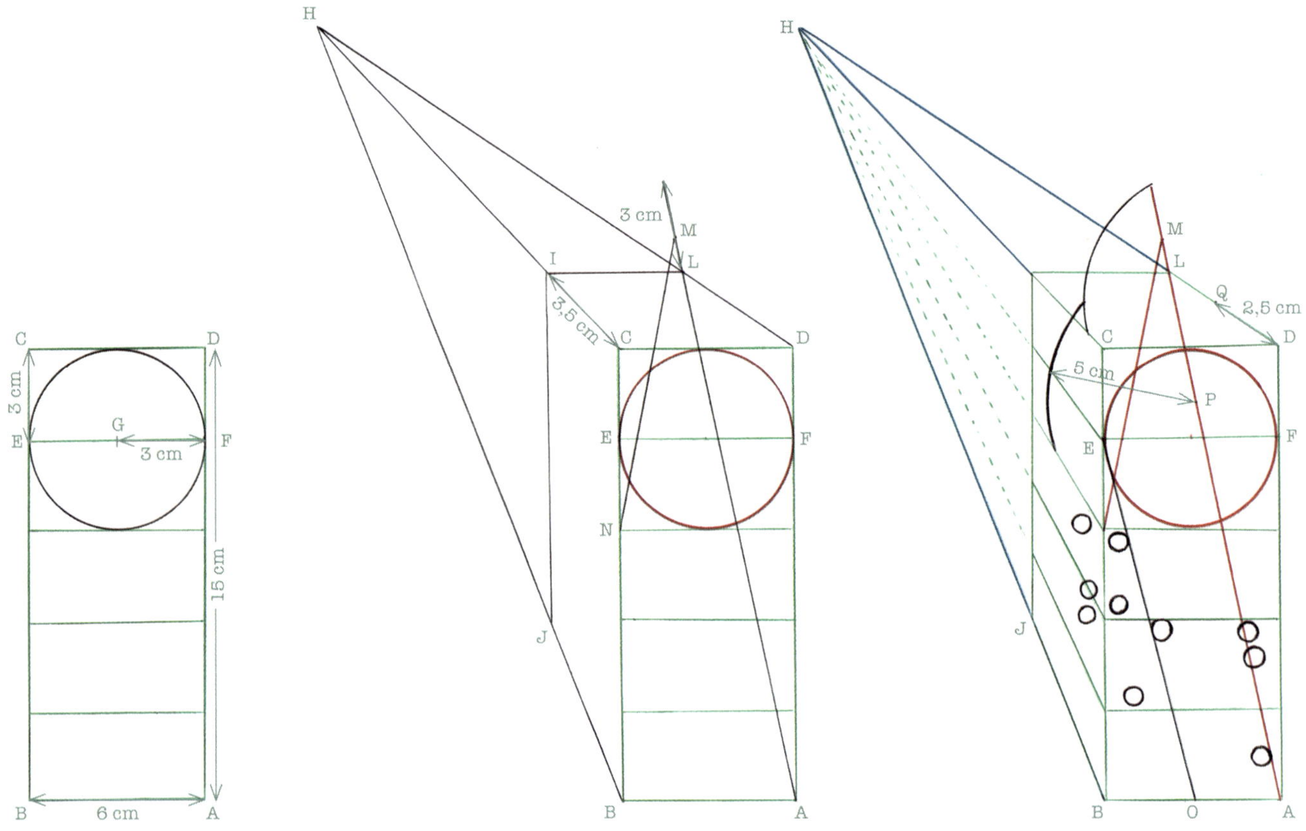

①

× Sur une feuille de papier A4 prise dans le sens de la hauteur, à 4 cm de la base et à 4,5 cm du côté droit (mesurés sur des perpendiculaires), marquer le point A.
× À 6 cm de A sur une parallèle au bord inférieur de la feuille (et donc toujours à 4 cm), marquer le point B.
× En partant de ce segment tracer un rectangle ABCD de 6 x 15 cm.
× Sur [CB], à 3 cm de C, marquer le point E. Sur [DA], à 3 cm de D, marquer le point F, et tracer [EF].
× Au milieu du segment [EF], marquer le point G. Tracer un cercle de centre G de rayon 3 cm.
× Diviser le rectangle en 5 parties égales (de 6 x 3 cm donc).

②

× Relier C à l'angle supérieur gauche de la feuille. Marquer H au bout.
× Sur le segment [HC], à 3,5 cm de C, marquer le point I.
× Tracer [HB]. Tracer la parallèle à [CB] passant par I. Elle coupe [HB] en J.
× Tracer [HD], puis la parallèle à [CD] passant par I. Marquer L à l'intersection avec [HD].
× Tracer [AL] et prolonger ce segment de 3 cm après L. Sur [AL], à 19 cm de A, marquer le point M.
× Sur [BE], à 3 cm de E, marquer le point N, et tracer [NM].

③

× Au milieu de [AB], marquer le point O. Tracer [OE].
× Sur [AM], à 13,5 cm de A, marquer le point P et tracer un arc de cercle de centre P de rayon 5 cm (sur les 2 portions supérieures du parallélogramme, il coupe [CI]).
× Sur [DL], à 2,5 cm de D, marquer le point Q et tracer un arc de cercle de centre Q de rayon 4,5 cm de [IC] à [AM).
× Relier les extrémités des segments parallèles du rectangle ABCD à H.
× Tracer les cercles des articulations (de diamètre 6 mm) en prenant des repères par rapport aux lignes.

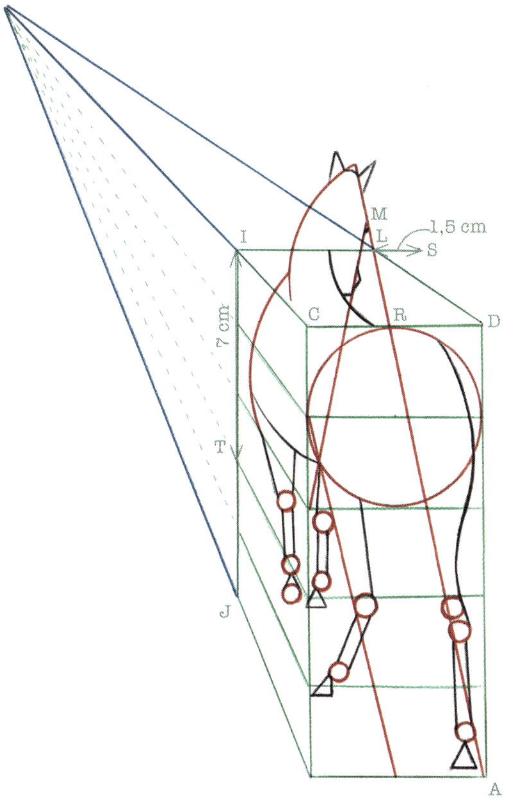

4

× À l'intersection entre [AM] et [CD], marquer le point R.
× Tracer un arc de cercle de centre R de rayon 5 cm (pour le ventre).
× Prolonger [IL] de 1,5 cm et tracer un arc de cercle de rayon 3 cm en plaçant la pointe du compas au bout de ce segment (point S) pour la ligne du dos.
× Tracer à la main les triangles des oreilles.
× Sur [IJ], à 7 cm de I, marquer le point T, et tracer un arc de cercle de centre T de rayon 8 cm (pour la cuisse droite).
× Relier les cercles des articulations comme indiqué.

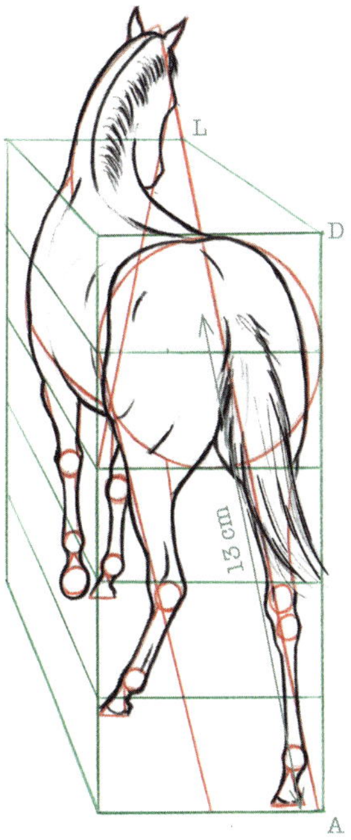

5

× Ajouter la base de la queue à droite de [AL] à 13 cm de A.
× Terminer la tête, les oreilles et la croupe en suivant le modèle.
× On notera qu'en plaçant un point X sur le bord droit de la feuille à 11 cm de la base et en traçant un arc de cercle de rayon 5,5 cm, on trouve l'arc de cercle extérieur de la jambe droite. En plaçant le compas sur [AD] à 6,5 cm de A (rayon 3,7 cm), on trouve le côté intérieur de la jambe gauche.

6

× Finaliser le dessin en plaçant les ombres.
➤ *Voir aussi page 80.*

À SAVOIR
➤ Pour tous les sujets traités, sauf ceux symétriques comme le cheval de dos et de face, il est utile de se construire des modèles inversés (symétrie horizontale comme page 64) et des zooms sur certaines parties en changeant d'échelle, comme page 36 et 66.
➤ Certains chiffres ont été arrondis pour éviter un trop grand nombre de décimales.

L'œil

Ces pages permettent d'examiner en détail le tracé des yeux selon l'angle abordé. Voici un assemblage des têtes de profil, de trois quarts et de face pour situer si besoin la position exacte de l'œil sur le dessin. L'œil de profil est expliqué ci-dessous en détail. Même si les figures de base sont différentes, le procédé est similaire sous les autres angles.

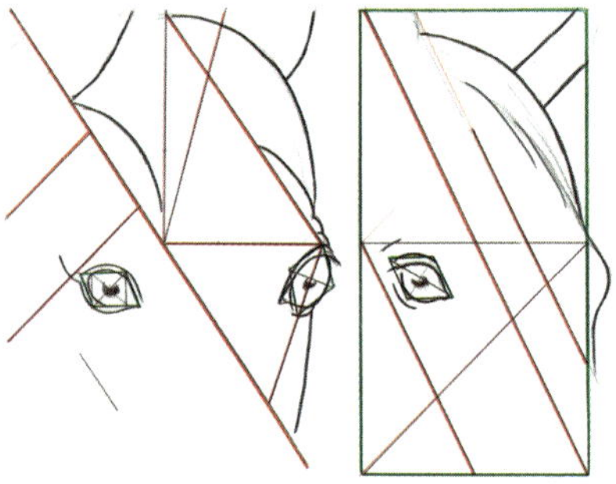

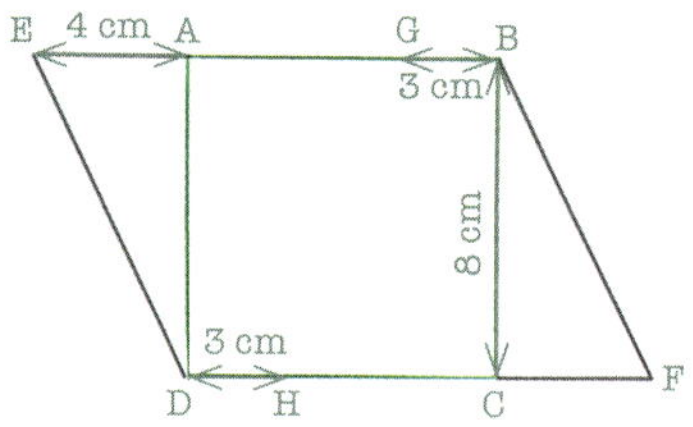

①

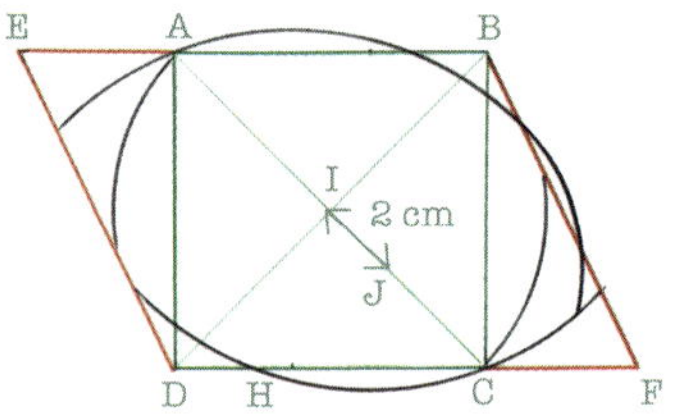

②

L'œil de profil

1. Au milieu d'une feuille, tracer un carré ABCD de 8 cm de côté. Prolonger le côté [AB] de 4 cm en A et marquer le point E. Relier E à D.
× Prolonger le côté [DC] de 4 cm à partir de C. Marquer le point F. Relier F à B pour obtenir un parallélogramme.
× Sur le côté [AB], à 3 cm de B, marquer G, et sur le côté [DC], à 3 cm de D, marquer H.

2. Tracer un arc de cercle de centre H et de rayon [HA] (8,5 cm) de [ED] à [BF]. De même en partant du point G, tracer un arc de cercle de [BF] à [ED].
× Marquer le centre du carré ABCD, le point I, à l'intersection des diagonales. Tracer un arc de cercle de centre I et de rayon [IA] (5,5 cm) à l'intérieur de AED. Tracer un arc de cercle de centre I de même rayon, joignant C à [BF].
× Sur le segment [IC], à 2 cm de I, marquer J. Tracer un arc de cercle de centre J de rayon 5 cm (de [BF] jusqu'à l'arc de cercle inférieur).

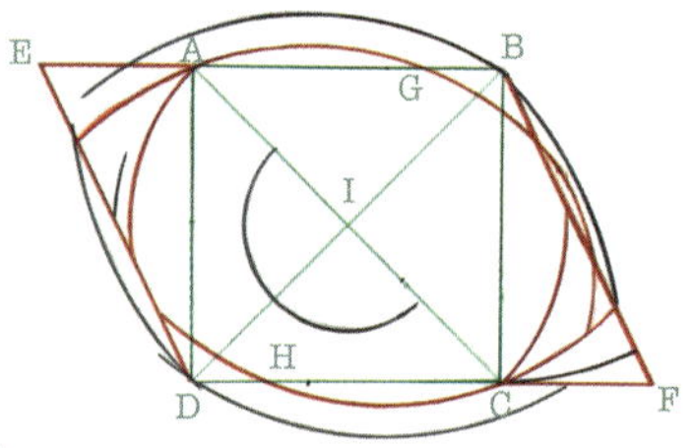

③

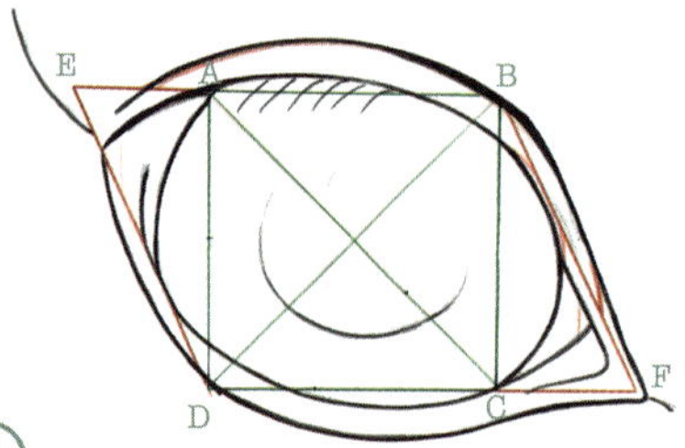

④

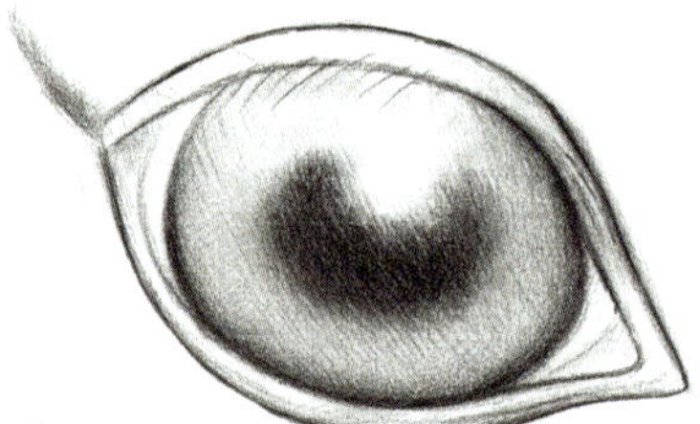

⑤

3. Tracer un demi-cercle de centre I de rayon 2,5 cm (sous [AC]).
× Tracer un arc de cercle de centre B de rayon [BC] dans BCF.
× Tracer un arc de cercle de centre H de rayon [HB] depuis B jusqu'à 1 cm après avoir coupé le segment [EA].
× Tracer un arc de cercle de centre G de rayon [GD] (de D à [CF]).
× Tracer un arc de cercle de centre B de rayon [BD] (de D à [ED]).
× Tracer un arc de cercle de centre D de rayon [DB] (de B à [BF]).
× Dans EAD, ajouter un (petit) arc de cercle de centre I de rayon 6 cm.

4. Transformer le demi-cercle de la pupille en ovale.
× Ajouter les cils.
× Ajouter le coin de l'œil à l'intérieur du parallélogramme en F.
× Ajouter le coin de l'œil à l'extérieur du parallélogramme en suivant ses bords à la main.
× Ajouter l'arc de cercle en haut à gauche près de A à l'extérieur du parallélogramme.
× Dessiner très légèrement au crayon H un cercle de 2,5 cm de diamètre correspondant au reflet de lumière.

5. Avec le fusain, donner du relief à l'œil en dessinant les ombres et lumières et en estompant le plus possible. Plus le centre de la pupille et les bords seront foncés et la tache de lumière claire, plus l'œil sera expressif.

À SAVOIR
➤ Pour tous les angles des yeux, il est également utile de s'exercer à tracer les arcs de cercle à la main en regardant uniquement les croquis.

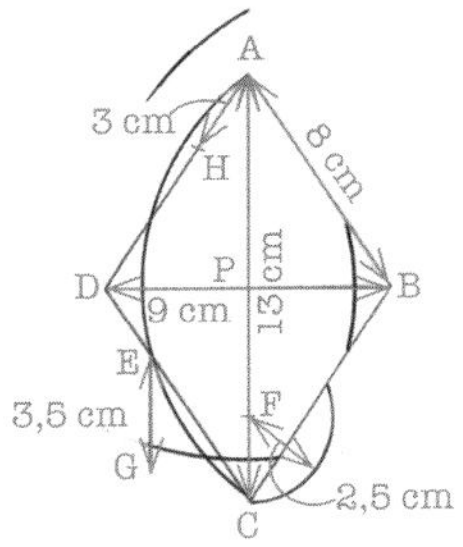

⑥

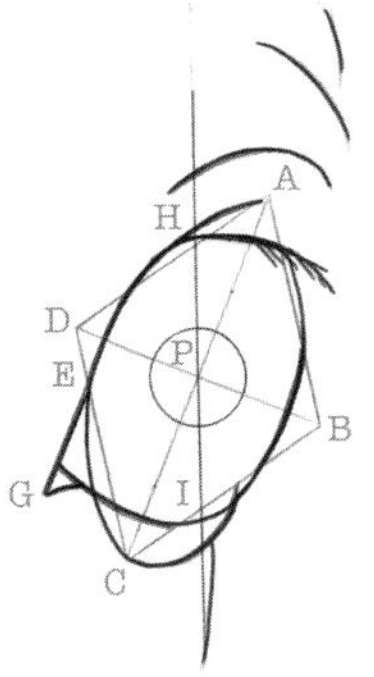

⑦

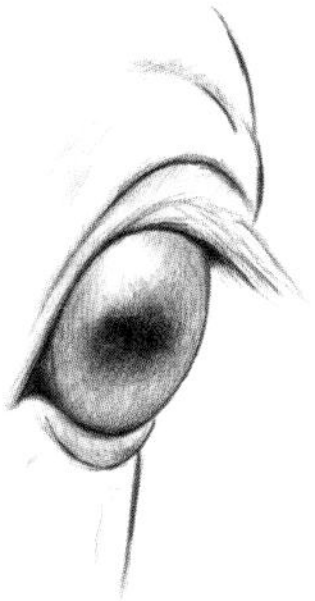

⑧

L'œil de face

6. Tracer dans le sens de la hauteur un losange ABCD de 8 cm de côté, de centre P. [AC] mesure 13 cm, [DB], 9 cm.

× Tracer un arc de cercle de centre B et de rayon [AB] (8 cm) joignant A à C. Il coupe [DC] en E.

× Tracer un arc de cercle de centre D de même rayon, à l'intérieur du losange (de [AB] à [BC]).

× Sur la diagonale [AC], à 2,5 cm de C, marquer le point F. Tracer un arc de cercle de centre F et de rayon [FC] à l'extérieur du losange (de C à [CB]).

× En partant de E, tracer vers le bas un segment parallèle à [AC] long de 3,5 cm. Au bout, marquer le point G.

× Tracer un arc de cercle de centre A de rayon 11,5 cm. Il part de [BC] pour couper [EG].

× Tracer un arc de cercle de centre B de rayon 9,5 cm au-dessus de [AD].

× Sur [AD], marquer le point H à 3 cm de A.

7. Reprendre ce losange par transparence en le penchant vers la droite de façon à ce que [HP] soit sur une ligne verticale. Tracer (HP). Elle coupe [BC] en I.

× Tracer un arc de cercle de centre I de rayon 9 cm (la paupière). Il coupe [AB] et se prolonge à l'extérieur du losange. Ajouter les cils.

× Tracer un arc de cercle de centre B et de rayon [BE] de C à [CD] (dessous de l'œil).

× Tracer un cercle de centre P de rayon 1,5 cm (pupille).

× Ajouter l'arc de cercle du coin inférieur de l'œil en G.

8. Enlever les lignes de construction, ajouter les ombres en veillant à bien laisser intacte la tache de lumière.

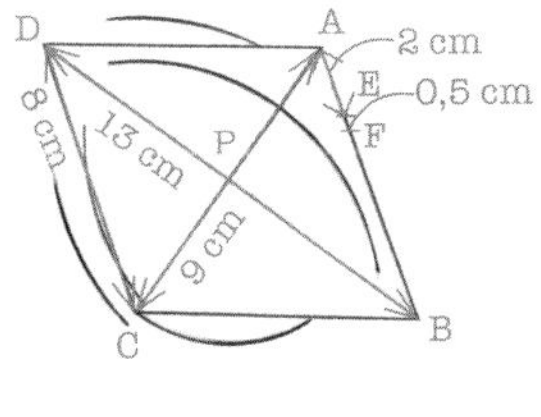

⑨

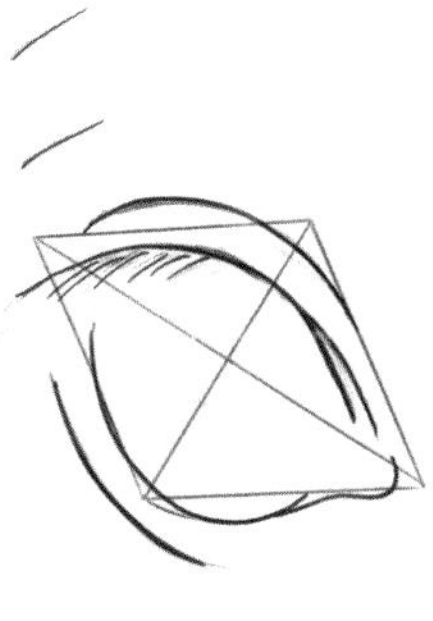

⑩

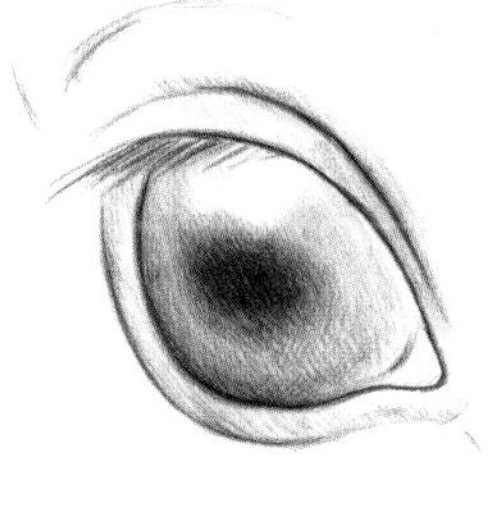

⑪

L'œil de trois quarts

9. Tracer un losange ABCD de 8 cm de côté, de centre P. [AC] mesure 9 cm, [DB], 13 cm. [DA] et [CB] sont presque à l'horizontale, un peu penchés vers la droite.

× À 2 cm de A sur [AB], marquer le point E, et à 2,5 cm, marquer F.

× À l'intérieur du losange, tracer un arc de cercle de centre C de rayon 7 cm.

× À l'extérieur du losange à gauche (au dessus de [AD]), tracer un arc de cercle de centre C et de rayon [CE].

× Tracer un arc de cercle de centre E de rayon 8,5 cm sous [DC].

× Tracer un arc de cercle de centre F de rayon 7,5 cm coupant [AC] et [DC].

× Tracer un arc de cercle de centre P de rayon [PC] depuis C jusqu'à [CB].

10. Terminer la paupière au dessus de [AD] en traçant un (petit) arc de cercle de centre P de rayon 5,5 cm dans le prolongement de l'arc de cercle déjà tracé à gauche et en prolongeant cet arc de cercle à l'intérieur du losange à droite.

× Terminer la courbe intérieure de l'œil en joignant l'arc de cercle de centre F à celui de centre P.

× Ajouter le coin de l'œil entre [PB] et [BC] à 5 mm de B et le relier au bord inférieur.

× Terminer la paupière inférieure parallèlement à ce dernier tracé et ajouter les cils sur la partie externe de la paupière supérieure.

11. Ajouter les ombres en veillant à laisser une tache de lumière pour finaliser votre dessin.

× L'échelle de ce dessin est de 1/4, c'est-à-dire que 1 cm sur le croquis réprésente 4 cm sur la réalisation finale.

Nez, oreilles et autres positions de tête

Il existe beaucoup d'autres attitudes de chevaux, qui varient en fonction des races, elles-mêmes nombreuses. De plus, les positions de la tête et des oreilles varient selon l'humeur du cheval.
Le papier quadrillé est une aide précieuse, d'autant plus qu'il permet d'agrandir les modèles. Voici quelques exemples réalisés de cette manière (voir également pages 78-79).

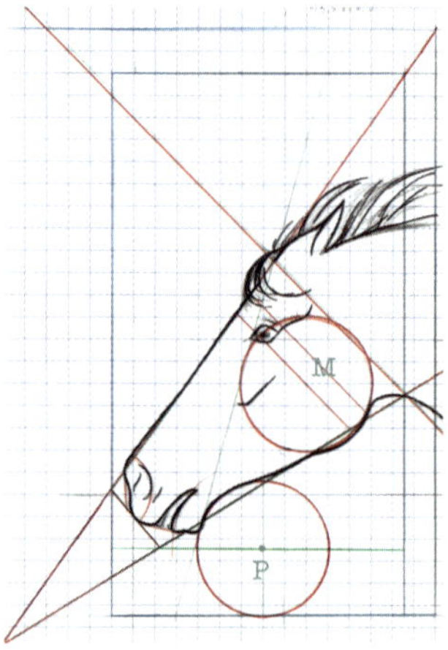

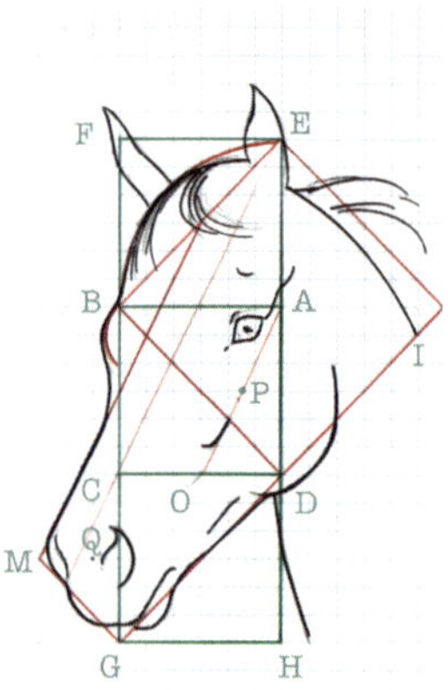

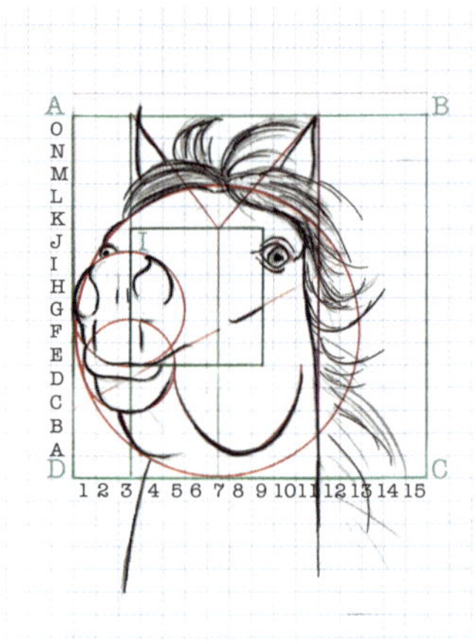

Tête de cheval de profil inversée, oreilles couchées

× Cette tête est exactement la même que celle de la page 12, mais dans l'autre sens. Les oreilles couchées changent l'expression du cheval (anxieux).

× Le quadrillage présente l'avantage de pouvoir localiser les points plus facilement, notamment les point P et M, centres des deux arcs de cercle de la mâchoire.

Tête de cheval de trois quarts inversée

× Ici, la tête de la page 42 est représentée dans l'autre sens avec un éclairage provenant toujours du même côté : les ombres sont différentes. Le cheval tourne l'oreille droite, qui est représentée de dos. Le carré ABCD est le même, mais en inversant la position des lettres.

× Les points O, P et Q sont les centres des arcs de cercle de la joue et du nez.

Tête de trois quarts face avec coordonnées de points

× Ce croquis donne l'exemple d'un autre angle de tête, plus difficile car vu légèrement de dessous. Le cheval effrayé roule les yeux. Les chiffres sous [DC] indiquent les abscisses des points, les lettres à gauche de [AD] indiquent les ordonnées. Abscisses et ordonnées forment les coordonnées d'un point.

× Par exemple, le point I est situé entre 2 et 3 sur l'axe vertical, et sur K pour l'axe horizontal.

× Pour s'entraîner, on peut essayer de retrouver les coordonnées des autres points et de retracer les figures géométriques, puis la tête entière, sur une feuille à carreaux de dimensions différentes.

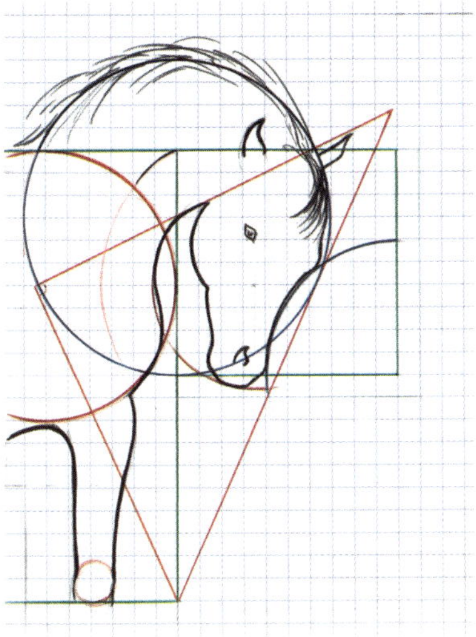

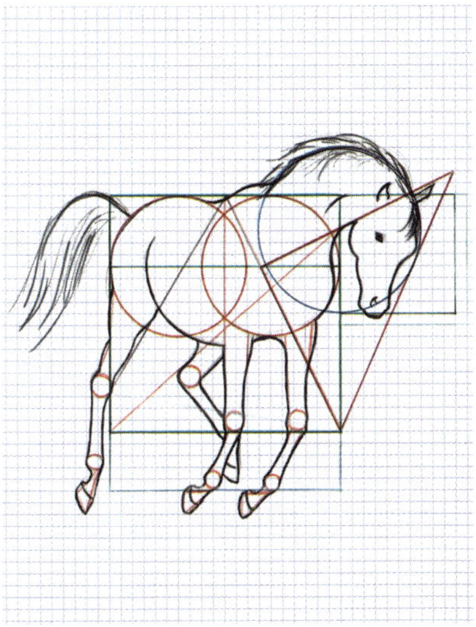
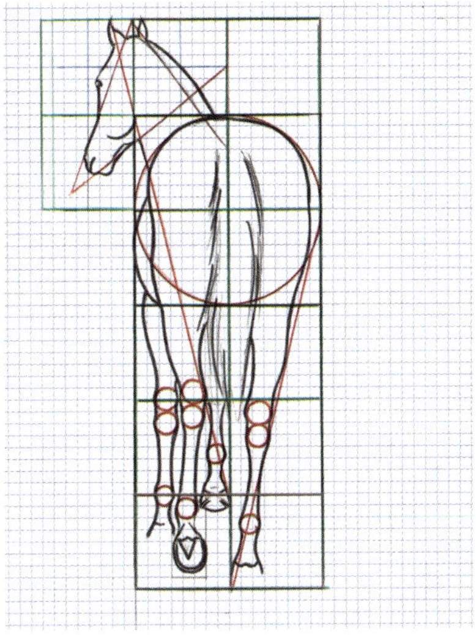
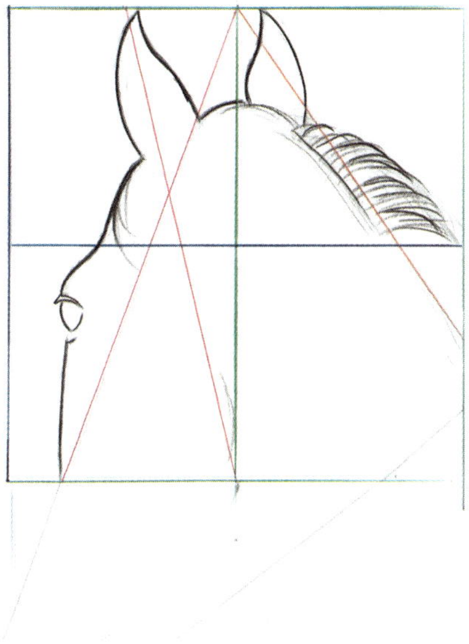

Saut de joie, tête baissée, oreilles écartées

× Dans certaines attitudes, la tête est beaucoup plus basse. Ici, un saut de joie sur une feuille à petits carreaux. On peut également utiliser cette tête avec les chevaux de trois quarts des pages 44-49.
× Observer la tête agrandie pour visualiser où se trouvent les repères.

Cheval en pied de trois quarts dos

× Il s'agit du cheval de dos dont on voit le détail des sabots page 68. Les oreilles sont représentées complètement de dos. Les carreaux permettent d'agrandir la tête comme dans le dessin précédent.

Œil et oreilles de trois quarts dos

× Noter sur ce petit carré agrandi 6 fois le S et l'arc de cercle des deux oreilles dans lesquelles s'inscrivent des triangles. On peut remarquer les lignes courbes de la crinière qui retombe de l'autre côté.

Les membres et les sabots

LES JAMBES ET LES PIEDS DE PROFIL

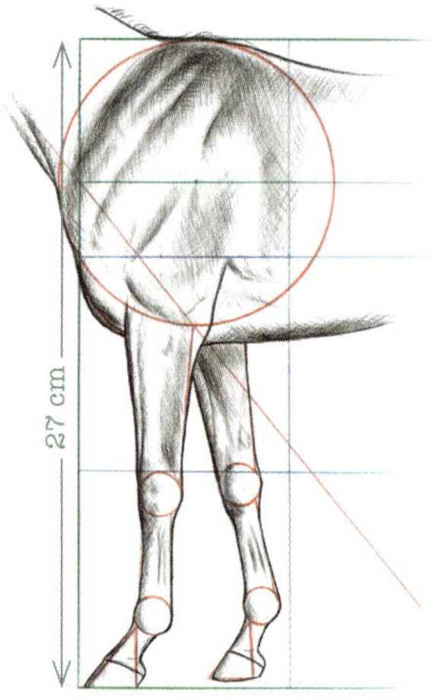

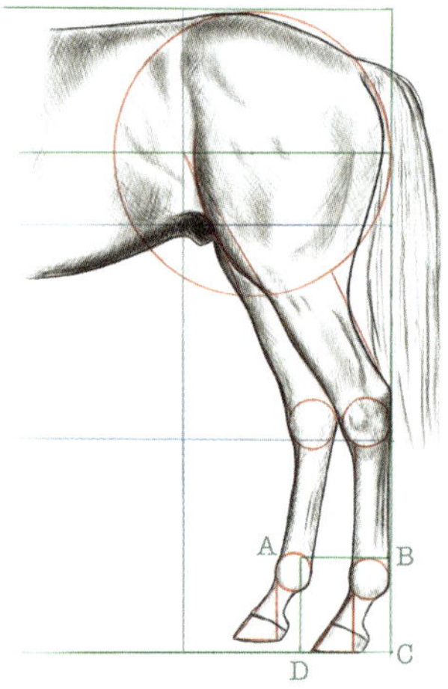

L'avant-main de profil

× Voici un cheval vu de profil avec davantage de détails que pages 14-15.
× Dans le grand cercle s'inscrivent l'épaule et l'avant-bras du cheval.
× En-dessous de ce cercle se situent l'arc de cercle du poitrail et celui du haut de l'avant-bras.
× Les os des genoux forment deux légères bosses de part et d'autre des cercles des articulations.
× Lorsque le cheval écarte davantage les antérieurs, en raison de la perspective, la jambe la plus éloignée paraît plus petite.

L'arrière-main de profil

× La croupe du cheval et les membres postérieurs s'inscrivent dans trois carrés égaux.
× Le carré supérieur est délimité par le grasset et les articulations des jarrets sont juste au-dessus du carré inférieur.
× Noter la forme de la cuisse à l'intérieur du cercle et la courbe du jarret.
× Sur le croquis suivant, on peut observer le détail du sabot situé dans le carré ABCD en bas à droite.

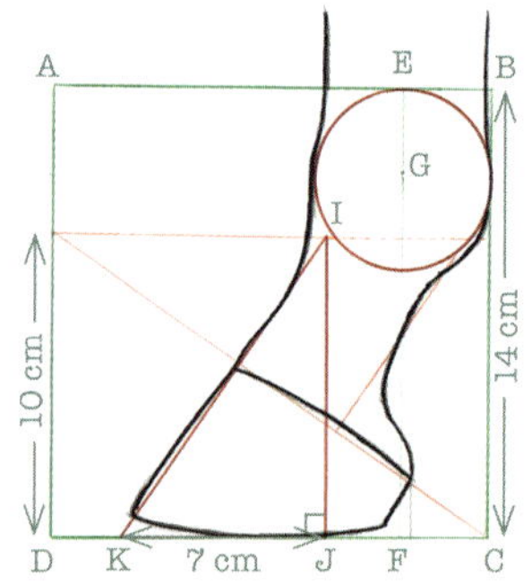

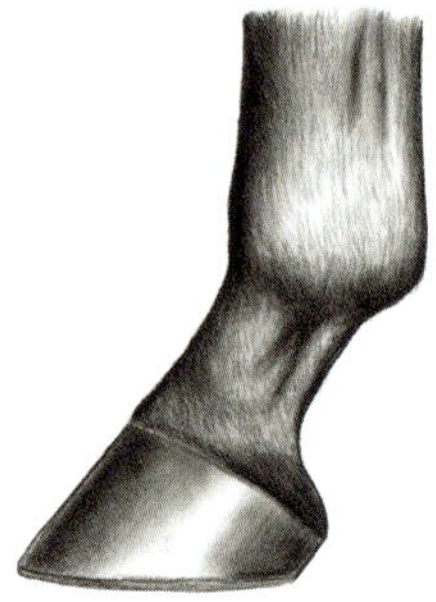

Le sabot de profil

× Le sabot de profil peut être construit dans un carré de 14 cm de côté à partir d'un cercle de 6 cm de diamètre et d'un triangle rectangle dont les côtés perpendiculaires mesurent 7 cm (base) et 10 cm (voir page 15, ici agrandi 10 fois).

× La base du triangle rectangle du sabot (IJK) équivaut à la moitié d'un côté du carré ABCD. Selon les aplombs du cheval, ces dimensions varient.
× Les lignes du paturon sont parallèles.
× Le bourrelet qui se trouve à l'arrière et au-dessus de la couronne forme un S inversé.

LES JAMBES ET LES PIEDS DE FACE

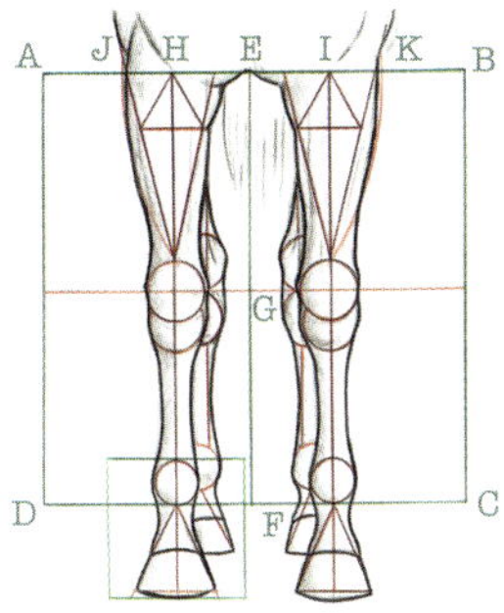

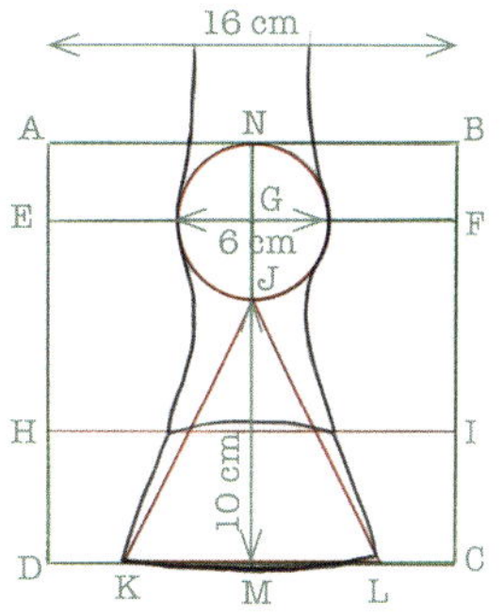

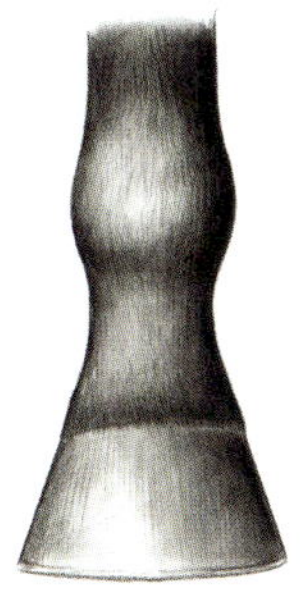

L'avant-main de face

× Voici ce que donnent les jambes du cheval de face de la page 32 sur un carré ABCD de 3 x 3 cm (à dessiner par exemple sur une feuille A4 en 21 x 21 cm).
× Les sabot et boulet vus de face sont encore agrandis et détaillés sur le croquis suivant.
× Les genoux vus de face ont la hauteur d'un cercle et demi.
× Les arcs de cercle de l'extérieur des avant-bras peuvent être tracés au compas (à partir de A et de B avec les rayons [AK] et [BJ], soit 8 cm pour un carré de 10 cm de côté, ou 5,5 cm pour un carré de 8 cm de côté).
× On peut s'exercer à trouver les autres arcs de cercle que l'on peut tracer au compas !

Le sabot de face

× Pour un boulet représenté par un cercle de 6 cm de diamètre, dans un carré de 16 cm de côté, le sabot se construit autour d'un triangle équilatéral de 10 cm de côté.
× Les bourrelets de la couronne sont moins prononcés de face que de profil.
× Le rayon du cercle [NG] = [AE] = [DK] = [LC], et la base du triangle isocèle [KL] = 2 x [HD] = 2 x [IC].
× Pour s'entraîner, on peut dessiner le sabot avec des dimensions différentes, notamment inférieures (carré de 10 cm de côté, 8 cm, 5 cm, etc.).

LES JAMBES ET LES PIEDS DE TROIS QUARTS

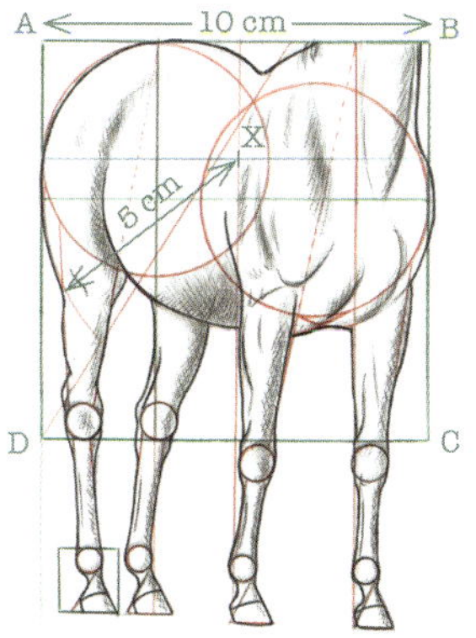

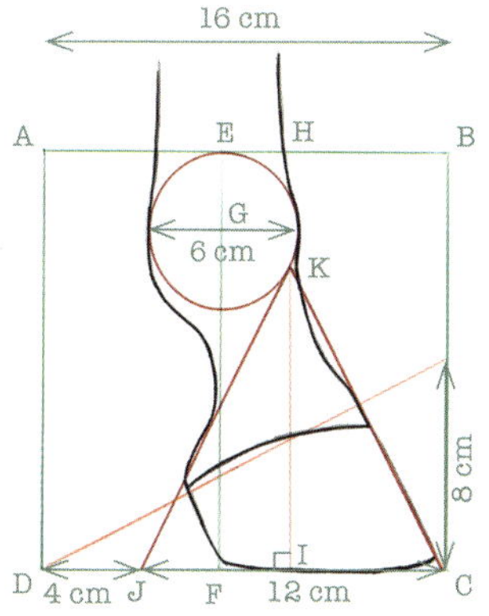

Les jambes de trois quarts

× Voici les jambes du cheval de trois quarts page 44.
× Les postérieurs sont plus délicats à dessiner que les antérieurs. Noter les arcs de cercle des jarrets. Dans une attitude naturelle, le cheval se tient rarement les quatre membres alignés.

Le sabot de trois quarts

× Voici le sabot du postérieur du cheval vu de trois quarts agrandi. Le canon est plus long que sur le sabot vu de profil et le triangle est isocèle et non équilatéral. On peut décomposer un triangle isocèle en deux triangles rectangles.
× Comme pour la majeure partie des figures de trois quarts, le schéma de construction est un peu plus complexe. On peut noter cependant que [JC] = [EG] x 4.

LES PIEDS DE DOS ET DE DESSOUS

①

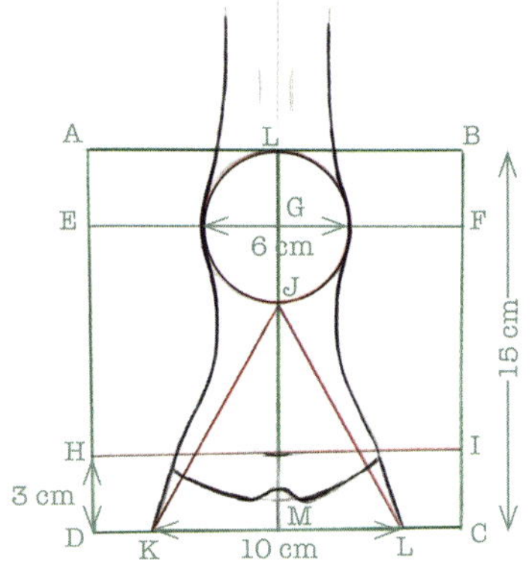

②

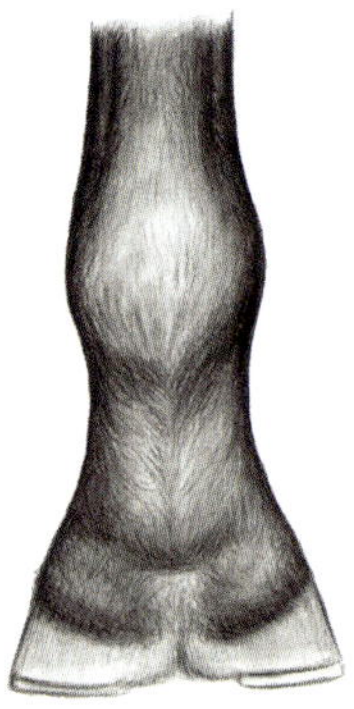

Le sabot de dos

1 et 2. Voici le sabot du cheval de dos de la page 54 agrandi. Le cheval a les paturons un peu plus courts que de face.

× Noter le pli au creux du paturon sur [HI].

× Pour un carré de 15 cm de côté, la base [KL] du triangle isocèle mesure 10 cm.

× Si le cercle de centre G a un rayon de 3 cm, on a [LG] = [AE] = [DH] = [IC] = [BF]. [JM] = [LG] x 3.

× Pour s'entraîner, on peut dessiner le sabot avec des dimensions différentes, notamment inférieures (carré de 10 cm de côté, 8 cm, 5 cm, etc.).

③

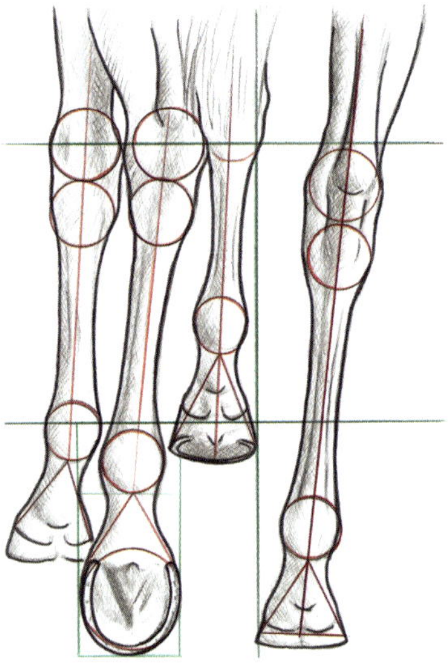

④

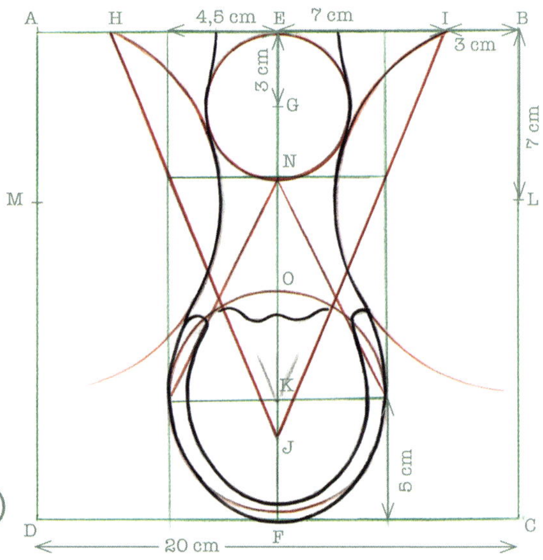

Le sabot de dessous

3. Sur cet agrandissement des pieds du cheval de dos marchant au pas de la page 65, deux pieds sont levés et laissent apercevoir le dessous du sabot avec le triangle de la fourchette, bel exemple de géométrie.

4. Voici le postérieur levé de ce cheval agrandi.

× Pour un carré de 20 cm de côté et un cercle de centre G de 3 cm de rayon, le sabot peut être représenté par un cercle de centre K de 4,5 cm de rayon. [BL] mesure 7 cm et les paturons sont des arcs de cercle de rayon [IL] et [HM] (et de centres L et M).

LES SABOTS EN MOUVEMENT

Voici les sabots des chevaux de face en mouvement vus pages 34-41. La difficulté est que les axes sont penchés et que les raccourcis donnent des longueurs différentes. Observation et reproduction sont les meilleurs moyens d'apprentissage.

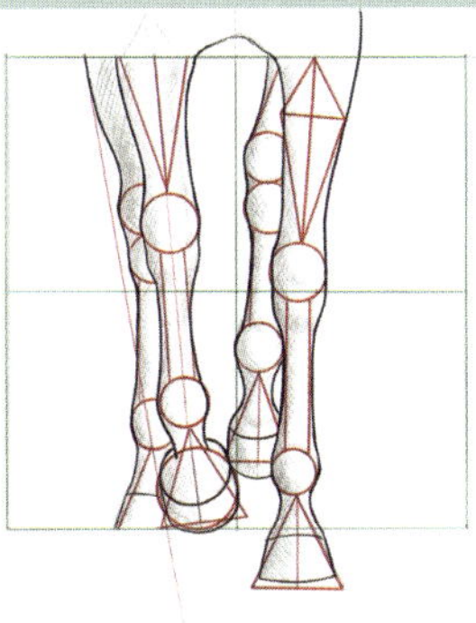

5

Le cheval de face au pas

5. L'axe de l'antérieur droit n'est pas parallèle à la verticale comme celui de l'antérieur gauche, mais le sabot est dessiné symétriquement de part et d'autre de cet axe.
× Par contre, le sabot de l'antérieur gauche est vu très légèrement de trois quarts.

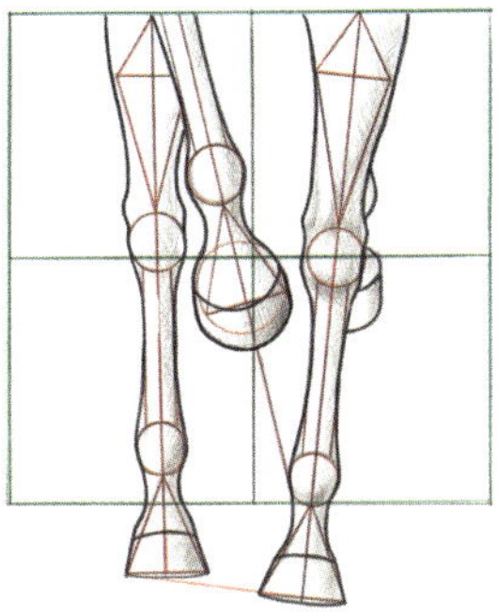

6

Le cheval de face au trot

6. Un cheval au trot en mouvement lève souvent un diagonal dans un axe qui n'est pas tout à fait vertical. Ici l'antérieur gauche est déporté vers l'intérieur. Le sabot de celui-ci s'inscrit davantage dans un cercle qu'un triangle.

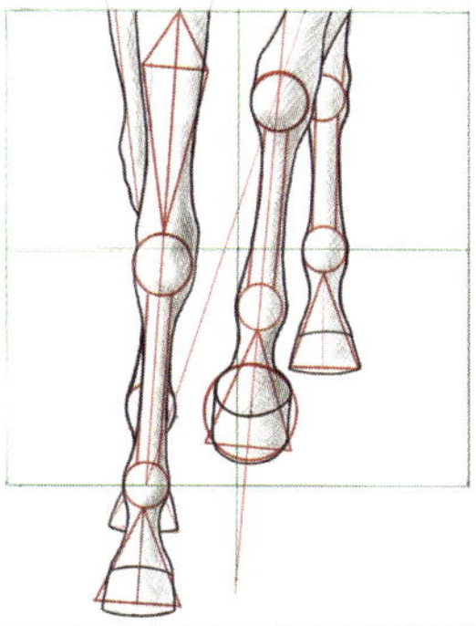

7

Le cheval de face au galop

7. Voici les sabots du cheval au galop de la page 38. Ce dessin est particulièrement difficile à réaliser au début. Noter le cercle formé par le sabot de l'antérieur gauche.
× L'impression de vitesse sera renforcée si le cheval est penché (voir page 39).

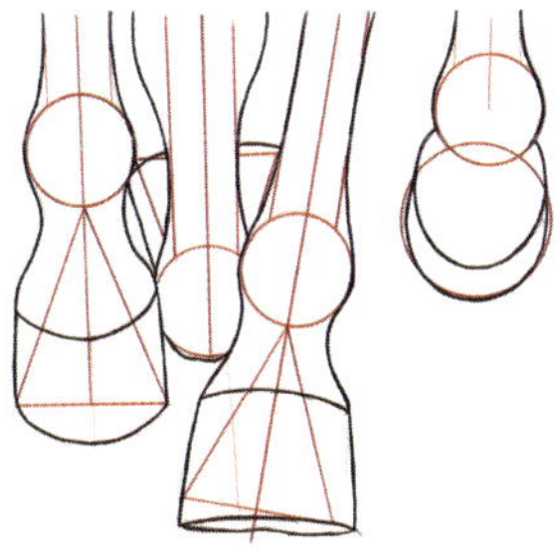

8

Les sabots en mouvement de face

8. Voici les sabots du cheval au trot de face de la page 36 agrandis.
× Ce dessin donne une bonne idée de la diversité de formes que peuvent avoir des sabots en mouvement. Cela est dû aux raccourcis causés par la perspective.

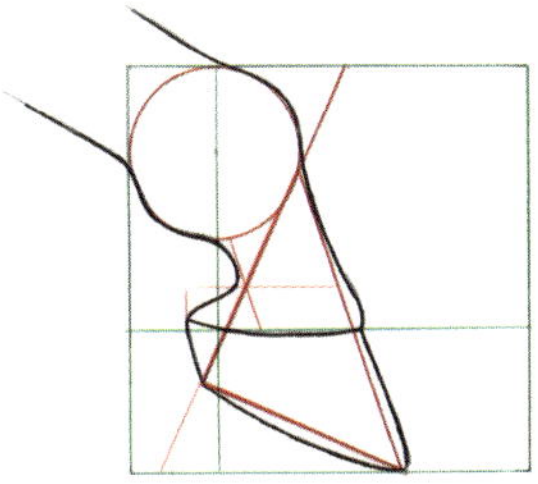

9

Le sabot en mouvement de profil

9. Sur ce croquis, on peut observer le postérieur du cheval au trot de profil de la page 18. On reconnaît le triangle rectangle qui sert de forme de construction.
× Seule l'orientation change étant donné le pli du paturon.

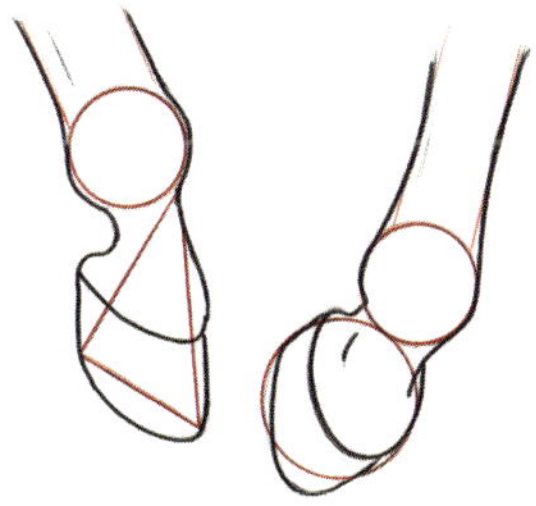

10

Les sabots en mouvement de trois quarts

10. Les chevaux de trois quarts offrent également des angles de pieds très variés. Voici deux sabots du cheval au trot de la page 48.
× Les sabots en mouvement sont plus difficiles à dessiner de face et de trois quarts que de profil.

Le croquis d'après nature, le portrait d'après photo

Toutes les attitudes du cheval n'ont bien sûr pas été abordées dans la première partie étant donné la complexité de certaines. Le but de cette deuxième partie est d'apprendre à dessiner à partir d'un modèle vivant et d'attitudes simples complétant celles déjà étudiées dans la première, ou, plus facile car par définition plus statique, d'un modèle photographié.

Observer un cheval d'après nature et le « croquer »

Comment procéder : le choix du sujet
Trouver de préférence un cheval isolé, au pré ou attaché, bien éclairé et se détachant facilement du fond. Des ventes de yearlings ou un club hippique peuvent permettre de trouver des sujets attachés ou tenus en main. L'avantage est de pouvoir disposer de modèles immobiles. La difficulté de l'exercice est d'aller le plus vite possible pour saisir l'essence du sujet et aboutir à un résultat fini, exactement comme le faisaient les artistes impressionnistes.
En voici la démonstration avec trois exemples concrets.

Un cheval broutant de trois quarts face

× **Tracer les deux cercles représentant le haut du corps.** De trois quarts, ils se coupent (voir page 75). L'avant-main est plus basse.
× **Observer l'orientation des jambes,** puis les tracer. Ici, seulement trois jambes sont visibles. Les trois sabots sont proches et alignés, ce qui donne trois lignes qui convergent vers le même point. Sous cet angle, leur longueur équivaut au diamètre des cercles.
× **Observer l'orientation de l'encolure.** Sa ligne inférieure commence au centre du cercle que forme le poitrail. Elle est oblique. La tête est dans l'exact prolongement et masque l'antérieur droit.
× **Noter la longueur du groupe encolure tête.** Le nez du cheval est sur la même ligne horizontale que les sabots et la hauteur de la tête est équivalente à un peu moins d'un tiers de la hauteur totale.
× **Trouver l'emplacement des genoux et des boulets** et marquer les cercles des articulations. Observer l'orientation des canons et ébaucher les triangles des sabots.
× **Placer l'œil, les triangles des oreilles, le début de la queue.** Ici, on n'aperçoit pas sa base. Elle peut être représentée par deux lignes s'arrêtant à hauteur des genoux.
× **Affiner le reste de la silhouette,** gommer les lignes de construction, préciser les contours et ajouter les détails.
Observer le sens des poils et foncer les zones d'ombres. Fermer à demi les yeux peut aider à mieux voir les grandes masses. Sur ce sujet presque à contre jour (soleil situé en face à gauche de l'observateur), seules les parties situées à gauche et en haut sont éclairées, soit le dessus de l'encolure, la gauche de la tête et le dos.
× **Pour situer le cheval dans un environnement,** il n'est pas nécessaire de dessiner un paysage : quelques brins d'herbes suffisent pour évoquer un sujet broutant.

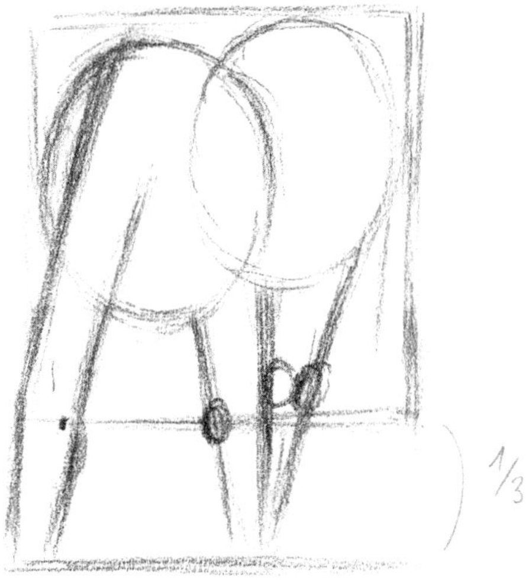

1/3

1/3

Un poulain couché

× **Tracer les deux cercles représentant le haut du corps** ainsi que la ligne du dos et du ventre. Essayer de schématiser au maximum : le bas du ventre est une ligne droite.
× **Observer l'orientation de l'encolure** et essayer d'évaluer l'angle qu'elle forme avec le dos. Observer le « bloc encolure tête » et son emplacement par rapport au cercle de l'avant-main. On remarque ici que le bas du nez correspond environ au premier tiers de ce cercle.
× **Chercher les autres lignes directrices** et les ajouter petit à petit. Ici, elles ne sont pas déterminées par les membres. Il faut donc trouver l'emplacement du sabot et des boulets visibles, mais aussi les lignes formées par les principales ombres, notamment le creux de la cuisse.
× **Repérer** puis dessiner aussi le pli du coude, le pli du grasset et de la cuisse.
× **Observer l'orientation des poils** et les principales zones d'ombres et de lumière. Esquisser l'environnement du poulain.

Un cheval de trois quarts dos tenu en main

× Voici un yearling trotteur de trois quarts dos. Le sujet est plus difficile. C'est pourquoi la méthode géométrique expliquée dans la première partie est une bonne préparation à cet exercice. Tracer les deux cercles représentant le haut du corps. Le cheval étant de trois quarts, ils se croisent. Relier la base des cercles.

× **Observer l'orientation des jambes,** puis les tracer. Trois jambes sont droites et verticales, l'une est oblique (antérieur gauche). Essayer d'évaluer leur longueur par rapport au diamètre des cercles.

× **Observer l'orientation de l'encolure.** Sa ligne supérieure commence entre les deux cercles. Elle part en oblique vers la droite. Ici, elle est aussi longue que l'antérieur oblique. De profil ou de face, la longueur de la tête équivaut souvent à 2/3 du diamètre d'un cercle.

× **Trouver l'emplacement des articulations** (on peut s'aider de la méthode décrite page 58). Tenir compte de la perspective.

× Marquer les autres lignes directrices et affiner la silhouette (ligne du ventre, de la cuisse et du grasset, garrot, base de la queue). Observer le dessin où les lignes géométriques ont été ajoutées pour vous guider.

× **Observer les zones d'ombre et de lumière.** Dans le dessin final du cheval en couleur, l'antérieur gauche a été avancé pour rééquilibrer le sujet.

Utiliser une grille

MIEUX CADRER LE SUJET : LA PETITE GRILLE CARRÉE

①

②

1. En raison de ses quatre côtés égaux, le carré est un excellent outil de cadrage, adapté au cheval. Voici comment se fabriquer un outil antireflets :

× Tracer un carré de 3 cm de côté au centre d'une feuille de papier suffisamment rigide et le découper au cutter. Puis marquer des repères tous les 1 cm sur les côtés. Tendre 4 fils de fer fins et les scotcher le long des repères. On obtient ainsi un carré divisé en 9.

× Il existe dans les magasins de bricolage du grillage tout fait qu'il suffit de faire découper avant de fabriquer un cache. Les carrés peuvent faire entre 1 et 2 cm de côté.

× Il est possible également de construire une grille représentant un carré simple divisé en 4 en découpant au cutter une fenêtre mesurant par exemple 4 cm de côté pour des carreaux de 1 cm.

2. Il est plus pratique d'utiliser un seul œil pour regarder à travers la grille.

CADRER DES SUJETS VARIÉS ET LES ESQUISSER AVEC LA GRILLE

③

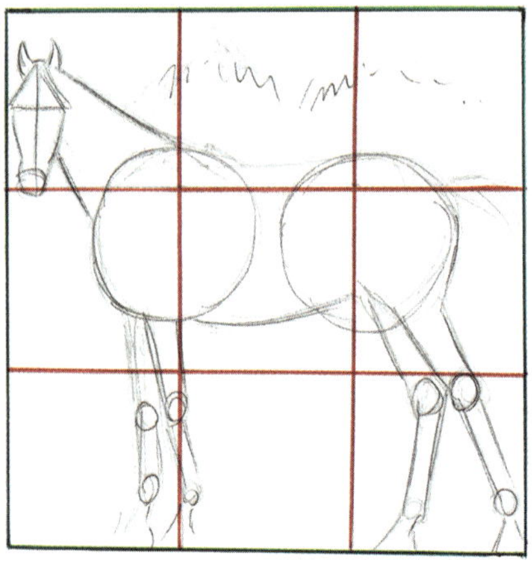

④

⑤

Un poulain de profil

3, 4 et 5. Pour ce modèle, la ligne horizontale que dessine le champ peut servir de repère. Cadrer le sujet bien serré en alignant le bas de la grille sur les sabots. La tête s'inscrit dans le carré supérieur gauche. Ensuite, croquer rapidement le sujet. Pour plus de sécurité, le prendre en photo au cas où il bougerait pour pouvoir le retravailler après si besoin.

× Une fois le corps esquissé, préciser le sujet et le situer par rapport à son environnement. Regarder d'où vient la source de lumière (ici le soleil est à gauche) et préciser les zones claires et foncées. Noter au passage les proportions de ce poulain.

Un cheval de trait

6, 7 et 8. Pour changer de type de sujet, j'ai pris pour modèle un cheval de trait et calé la grille sur le postérieur gauche dont la ligne est quasi verticale. Les troncs d'arbres servent également de repère. Le corps tient dans quatre carrés équivalents à un grand carré tel que celui vu page 22, et la tête et l'encolure occupent un demi-carré chacune.

× Une fois le cheval rapidement esquissé, préciser les zones claires et foncées. Regarder où se situe la source de lumière. Ici, elle est à droite. Même si les membres sont plus larges, les proportions sont similaires à celles du cheval de selle de la page 23.

× Voir la suite de ce dessin pages 81 et 92.

La mise au carreau abordée dans les pages suivantes est l'application de la même méthode avec un modèle photographié.

6

7

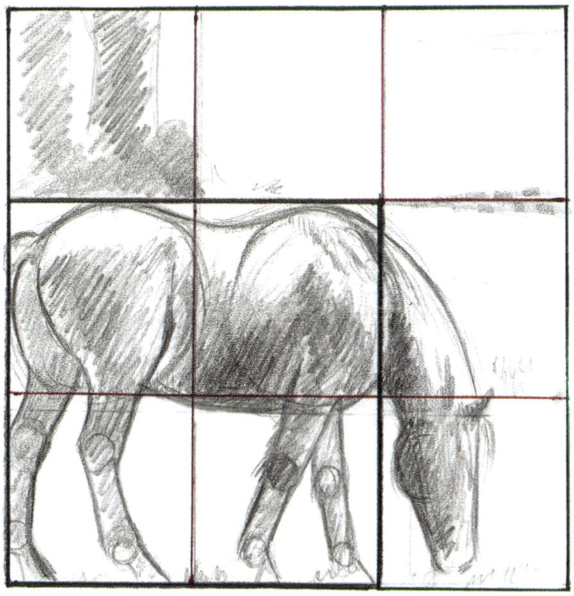

8

Le portrait d'après photo

Matériel
Une règle, une équerre, des feuilles à petits carreaux, du scotch, un crayon de papier, un feutre fin toutes surfaces, une gomme, un bon tirage photo sur papier du cheval à dessiner, du papier calque ou des transparents.

① 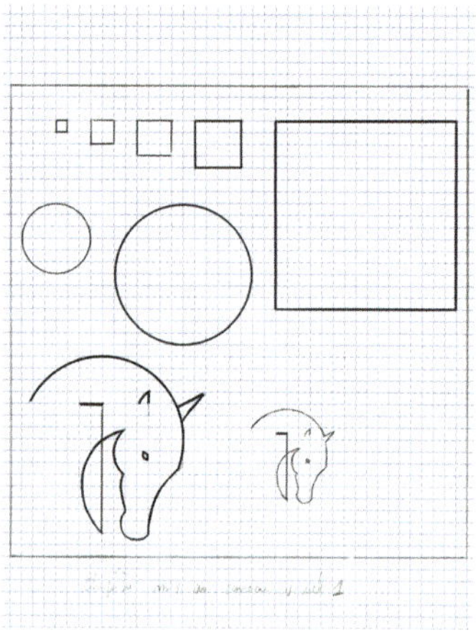

② 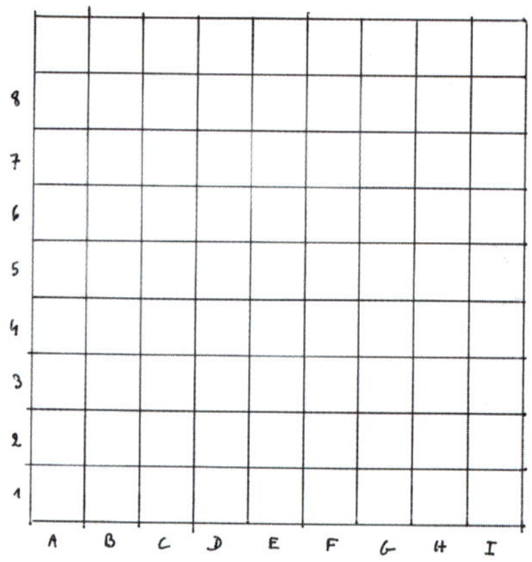

③ 

④ 

LA MISE AU CARREAU

1. La mise au carreau permet d'agrandir une photo en aussi grand format que souhaité. Très utile avant l'invention de la photographie, elle permettait de peindre des fresques et peut toujours être utilisée pour réaliser de très grands formats (même si des projecteurs ou des photocopies permettent aussi d'agrandir un sujet). Elle apprend à exercer son sens de l'observation et à se situer sur un plan. À la base de cette technique, toujours de la géométrie, en l'occurrence le carré.

Une grille photo réutilisable

2. Pour ne pas être obligé de quadriller à chaque fois les photos, il est possible de se fabriquer sur un transparent ou un calque de format A4 une grille 21 x 27 cm avec des carreaux de 2 cm de côté pour des photos de grand format. Pour des photos de petit format, il vaut mieux des carreaux de 1 cm de côté.

× Numéroter les carrés dans le sens vertical et marquer des lettres dans le sens horizontal, comme sur un plan.
× Il sera possible de multiplier par deux, trois, quatre, cinq, etc., la longueur de chaque côté.
Si le carreau de base fait 2 cm de côté et que la grille est utilisée sur une photo 18 x 24 cm (11 carreaux dans le sens de la longueur et 6 dans le sens de la hauteur), elle donnera, retranscrite avec des carreaux de 16 cm de côté, une fresque de 16 x 11 cm de long, soit 1,76 x 1,32 m.

LA MISE AU CARREAU D'UN CHEVAL AU GALOP DANS UN PAYSAGE

3. Voici la photo du cheval au galop de profil vu page 21 quadrillée. L'œil est situé en B6.

4. Voici le dessin du cheval réalisé à partir de la photo modèle quadrillée. Il faudra du temps avant d'obtenir un tel résultat. La règle de base : considérer chaque carré comme

5
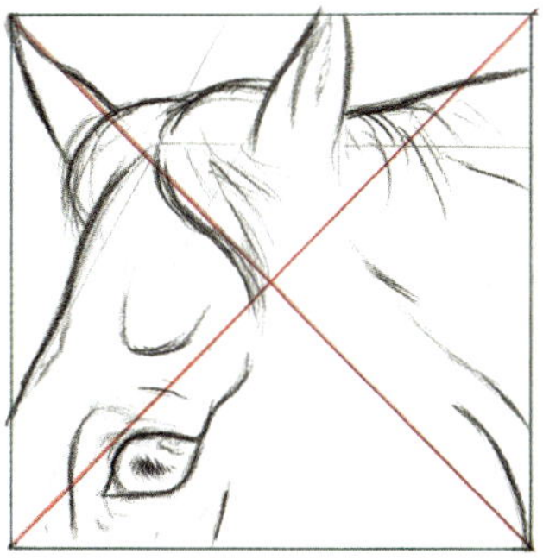

6
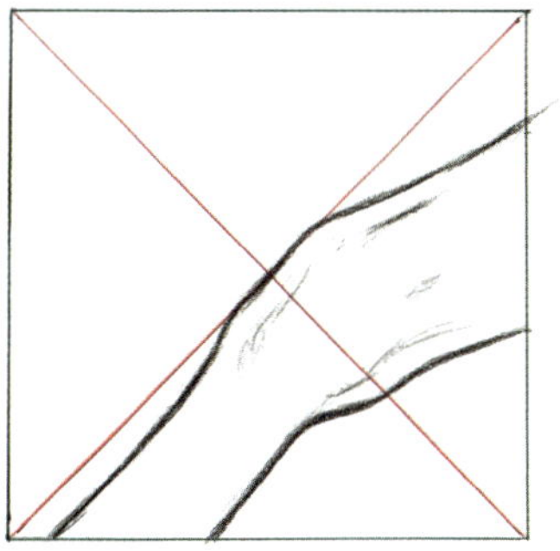

7
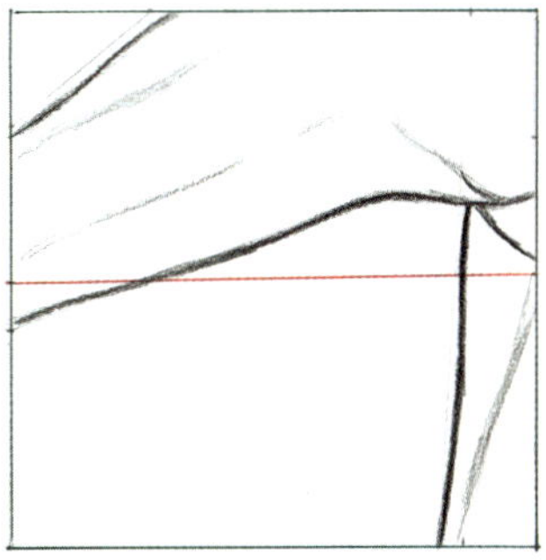

un tableau en soi et utiliser au début uniquement un crayon HB et une gomme. Cet exercice fait travailler la mémoire visuelle et apprend à tracer des lignes droites et courbes sans se servir de la règle ou du compas. Il s'agit à la fois d'une analyse du sujet et de sa synthèse.

Chaque carré est un petit tableau en soi, traversé par une ou plusieurs lignes. Voici 6 exemples de parties difficiles.

5. **Carré B6**

× Pour placer l'œil et les oreilles correctement sur ce carreau, il est utile de tracer ses diagonales.
× L'œil se situe juste au-dessous de l'une d'elle dans le coin inférieur gauche du carré.
× L'oreille droite est située sous l'autre diagonale.
× Si le carré semble compliqué à reproduire, il peut être également divisé à nouveau en quatre parties. Le haut de l'encolure occupe le quart supérieur droit et le toupet se termine au centre du carré supérieur gauche.

6. **Carré B3**

× Le genou est situé exactement sous le centre du carré (intersection des diagonales). Les diagonales permettent de remarquer que la jambe occupe exclusivement la partie inférieure droite. Les lignes du canon sont quasi droites.

7. **Carré C3**

× Ici les diagonales ne sont pas d'une grande utilité, on se servira davantage de la ligne médiane du carré. Une toute petite partie de l'antérieur gauche est située en dessous, la majeure partie étant situé au-dessus.

8
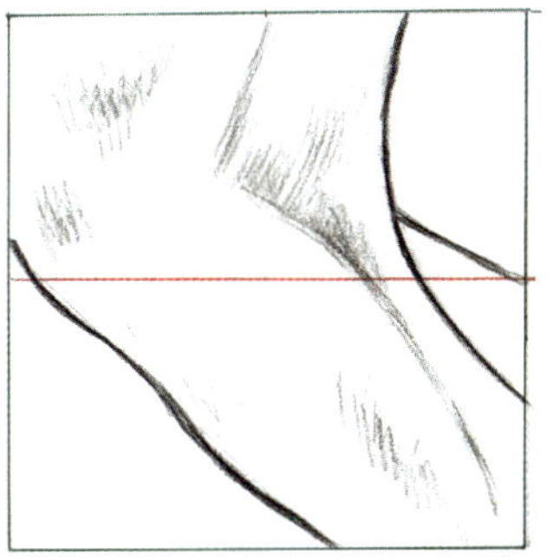

9
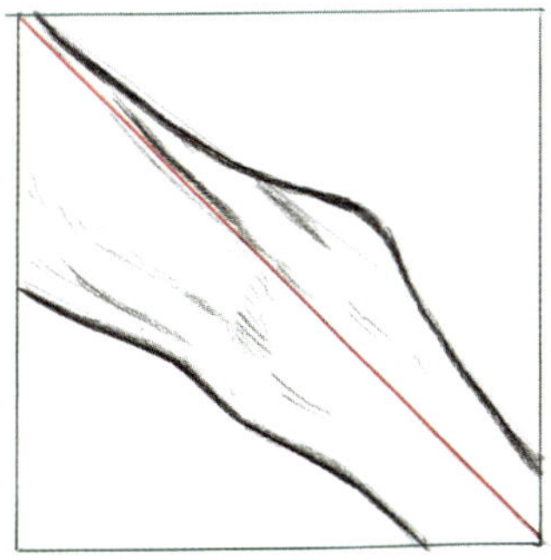

10

× L'antérieur droit coupe la base en son cinquième droit.

8. **Carré H3**

× La ligne du postérieur levé (droit) coupe le côté droit du carré en son milieu.
× Celle de l'avant du postérieur gauche coupe le côté gauche du carré un peu au-dessus de son milieu et sa base un peu après son milieu.
× Noter l'arc de cercle de l'arrière du postérieur gauche.

9. **Carré I3**

× La diagonale permet de constater que la ligne supérieure du postérieur droit est au-dessus.

10. **Carré G4**

× Noter les nombreuses lignes parallèles au niveau des ombres et la courbe à la base du carré.

Intégrer son sujet dans un décor

Quelques notions de perspective pour construire un paysage
Une fois le dessin fini, afin de mieux le placer dans un décor, quelques notions de perspective sont utiles.

LE PAYSAGE ET LA PERSPECTIVE

D'autres ouvrages très détaillés permettent d'apprendre la perspective. Celle-ci donne de la profondeur à un tableau ou à un dessin. Ces deux pages ne sont qu'une approche succincte du sujet.
L'un des principes de base de la perspective est que, dans un paysage, les lignes convergent vers une ligne d'horizon et un ou plusieurs points de fuite.

Sur le croquis ci-contre, voici un cube comme celui vu page 11 (perspective cavalière) et d'autres cubes représentés dans une perspective à un point de fuite.

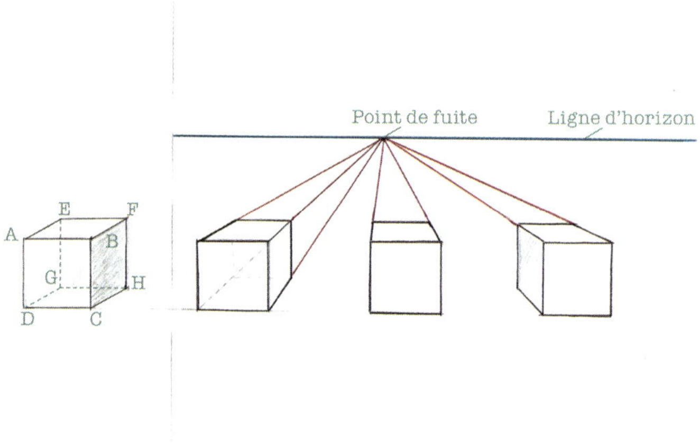

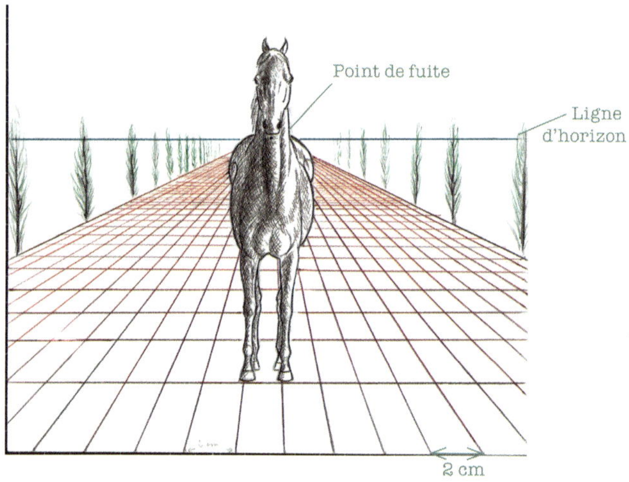

①

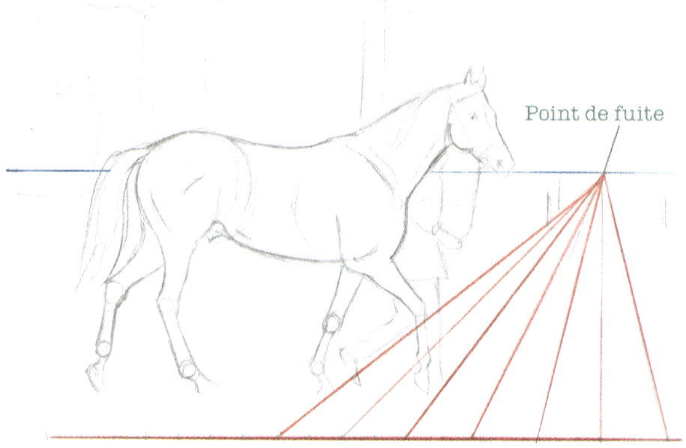

②

1. Autre notion importante : le point de vue. Selon l'angle de vue de l'observateur, le sujet n'aura pas les mêmes proportions :
× Si le cheval est vu de dessus, la ligne d'horizon est absente ou plus élevée (voir croquis 4).
× Si l'observateur est debout devant le cheval (croquis ci-dessus), la ligne d'horizon se situe à la hauteur du garrot. Le cheval de face de la page 32 est ici placé sur une allée pavée bordée d'arbres avec un point de fuite situé en dessous, au milieu, juste sous la lèvre inférieure du cheval. Pour placer son cheval dans un paysage, il est préférable de prendre une photo où l'on se situe à sa hauteur. Pour faire paraître le cheval très grand avec beaucoup de ciel, il suffit de prendre une photo assis par terre : le point de fuite sera plus bas.

2. Voici un exemple avec le cheval au pas de la page 16 tenu en main. La ligne d'horizon pour un spectateur debout se situe à la hauteur du garrot ou un peu en dessous selon la taille du cheval. Pour ajouter un chemin, placer par exemple le point de fuite à hauteur du garrot. Le chemin et les troncs d'arbres convergent vers ce point situé ici à droite de la feuille. Il est possible d'ajouter un chemin et des sillons en dessinant une droite divisée en intervalles réguliers au bas de la feuille.

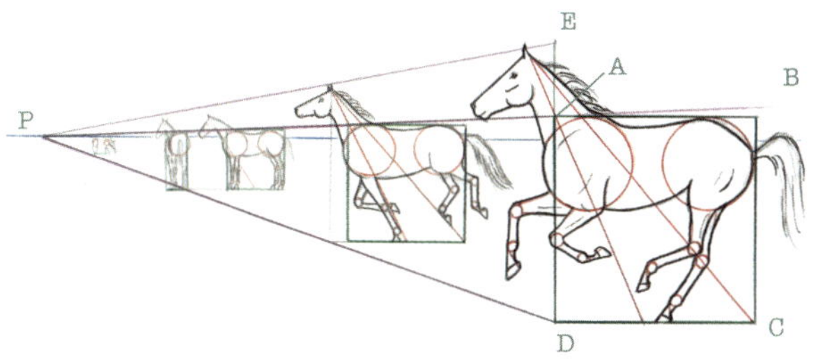

③

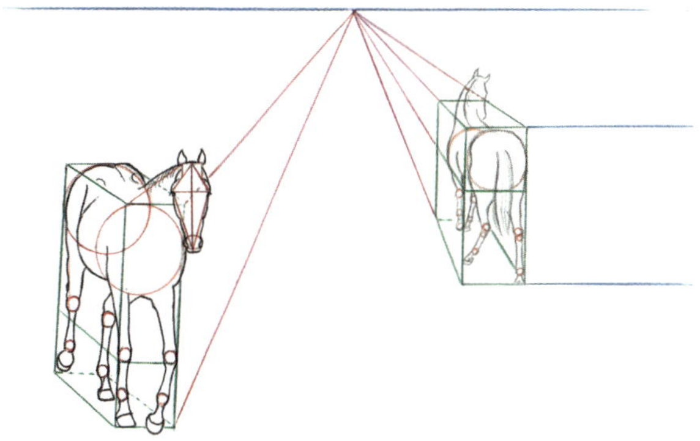

④

3. La perspective permet également de construire des scènes à plusieurs sujets.
Voici comment procéder :

× Commencer par tracer une ligne d'horizon, par exemple au centre de la feuille, et un point de fuite, ici à gauche.
× Placer le premier sujet en sachant que le garrot (donc le haut du carré dans lequel se trouve le cheval) est à la hauteur de la ligne d'horizon ou un peu au-dessus pour un grand cheval, comme ici.
× Prolonger le côté [AD] jusqu'en E. E correspond au point le plus élevé du sujet.
× Relier D et E au point de fuite P.
× Placer les autres sujets de façon à ce que tous les garrots se situent sur la ligne (PA) et que tous les côtés [AD] s'inscrivent entre [PA] et [PD]. Lorsque les chevaux ont la tête levée de manière identique, les oreilles s'alignent (cheval du premier plan et cheval du second plan).

4. Voici ce que donneraient les deux chevaux vus de dessus des pages 58 et 60 positionnés par rapport à une ligne d'horizon à une hauteur différente. Le spectateur étant au-dessus des chevaux, la ligne d'horizon est très élevée.
Il ne reste plus qu'à inventer un décor.

⑤

⑥

5 et 6. Plus simplement, connaître la perspective permet de ne pas faire d'erreur lors d'un croquis de cheval dans un paysage. Si le paysage est vallonné, le ou les points de fuite seront plus élevés.
Afin d'accentuer l'effet de profondeur, dessiner le premier plan avec des couleurs plus foncées et utiliser des couleurs bleutées pour le deuxième plan.
Avec les techniques actuelles, en matière d'art, tout est possible et beaucoup d'autres manières de procéder existent, mais tout comme le recopiage n'aide pas à construire un devoir, l'utilisation de photocopies (même si elle est également pratique) n'est pas suffisante. Une bonne connaissance de l'anatomie du cheval est un vrai plus. Connaissance et observation sont la base de toute réalisation. D'où l'utilité des différentes étapes de ce livre, permettant de s'exercer autant que nécessaire sur les détails que sont les membres, les sabots, l'œil… Ne nous reste plus à voir que cette étape essentielle : les techniques, soit les outils de l'artiste.

Quelques techniques

Voici quelques-uns des modèles vus précédemment représentés avec différents matériaux et techniques. J'explique à chaque fois la façon dont j'ai procédé.

Je me suis concentrée sur les techniques proches du dessin, et sur quelques techniques de mise en couleurs, mais j'ai laissé volontairement à l'écart les techniques les plus difficiles et les plus longues telles que l'huile et l'acrylique.

Ceci n'est évidemment qu'un échantillon, les possibilités étant infinies. À chacun de trouver son style selon le résultat souhaité et d'associer ces outils. Il en existe beaucoup d'autres, à redécouvrir ou même à créer…

Les crayons

LE CRAYON DE PAPIER

Avantages

× Le crayon à mine de carbone ou de plomb est facile à utiliser et à transporter.

× Il donne une grande variété de tons de gris grâce aux différents degrés de dureté (5H à 9B).

× On peut obtenir des traits très précis, notamment avec les mines dures (H), plus faciles à tailler et à gommer que les mines tendres (B).

Inconvénients

× Il manque de contrastes. Même les crayons les plus tendres ne permettent pas d'obtenir un noir franc.

Formats

× Adapté aux petits formats.

Utilisations

× Selon le support utilisé, le crayon donnera des effets différents. Utilisé sur un papier granuleux, il est permet des contrastes plus importants, sur du bristol, il est précis et velouté.

× Les ombres peuvent être travaillées soit en hachures soit en estompe (voir également le pastel sec page 88 et le fusain page 86 pour ces deux procédés).

Tête de cheval arabe au crayon graphite sur bristol

①

Je commence par les contours du sujet comme vu pages 42-43 en utilisant de préférence un crayon à mine dure (H ou HB) pour pouvoir gommer si besoin. Je délimite ensuite les zones d'ombres (parties plus foncées).

②

Je travaille les ombres d'abord par de légers traits, sans trop appuyer au début. Sur ce croquis, les ombres sont obtenues par le croisement de deux hachurages très fins.

③ ④

J'estompe les ombres en frottant doucement avec une mine mal taillée (ou le côté de la mine). J'ajoute du crayon plus tendre (2B à 6B) sur certaines zones et termine les détails. J'accentue l'estompe avec les doigts. Je gomme tout autour du dessin s'il y a des traces.

➤ *Voir également page 64.*

LES CRAYONS DE COULEURS

Avantages

× Précis et faciles à travailler, ils présentent une grande variété de couleurs pour peu qu'on utilise des marques de qualité proposées par les enseignes spécialisées.

Inconvénients

× Ils sont plus adaptés aux sujets statiques.

× Les couleurs se mélangent peu entre elles. Il est donc important d'avoir des boîtes d'au moins 24 couleurs.

Formats

× Plutôt des petits formats.

Utilisations

× En plusieurs couches ou au trait.

Cheval de trois quarts au galop sur du lavis 250 grammes

①

Je travaille d'abord les contours de mon sujet comme vu page xx au crayon de papier à mine dure (H ou HB). Puis je délimite les différentes zones que dessinent les ombres et lumières au crayon marron clair. Ici, la source de lumière est à gauche. Puis, je cherche les couleurs correspondant à mon sujet. Pour un cheval bai, cela peut aller du marron foncé au marron tirant vers l'orange et le rouge. Les parties claires contiennent du gris, du beige, du rose, du mauve clair.

②

Je couvre le sujet d'une première couche, sans trop appuyer. Pour l'instant, le grain fin du papier apparaît.

③

J'ajoute une ou même deux couches fines et commence à travailler lentement les détails. Je donne un effet plus velouté au poil en grattant légèrement la surface au papier de verre très fin. Je termine par les zones très foncées en appuyant davantage. Les ombres contiennent du bleu marine, mélangé au marron.

➤ *Voir également page 88.*

Les fusains

Avantages
× Ce charbon fabriqué avec la plante du même nom est beaucoup plus noir que le crayon. Il permet de varier le trait, de travailler le mouvement, de réaliser des croquis.
× Il est très adapté pour travailler l'estompe avec les doigts ou avec un chiffon.

Inconvénients
× Il est friable et volatile.
× Difficile d'obtenir des dessins propres. Il faut donc penser à le travailler de gauche à droite ou à se fabriquer des caches permettant de ne pas salir le dessin en le travaillant et à acheter des fixatifs appropriés.

Formats
× Très adapté aux grands formats. Pour les petits formats, ou les détails, utiliser les crayons fusains.

Utilisations
× Au trait ou en estompe, sur différents papiers ou cartons.

Cheval cabré sur papier gris à grain très fin

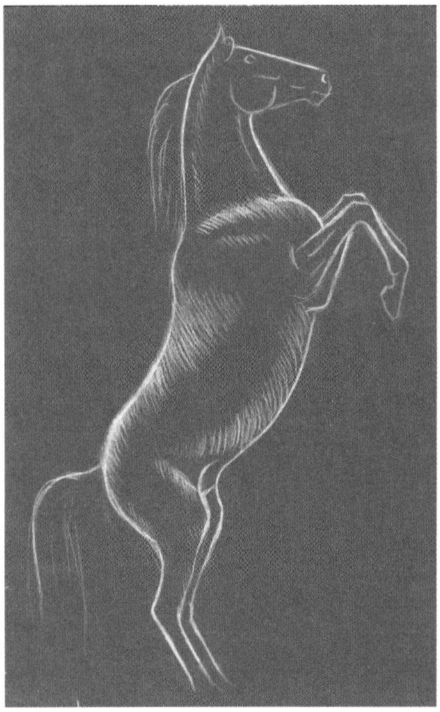

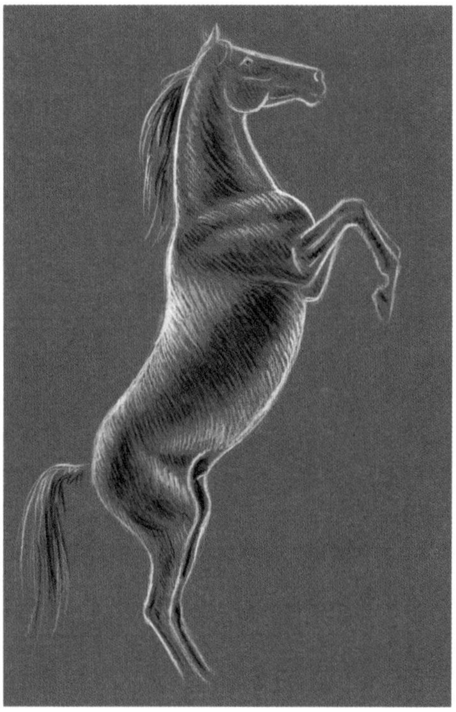

①

× Je décalque mon sujet vu page 24 en utilisant du crayon au recto de ma feuille de calque et du fusain blanc au verso. En effet, sur du gris, le crayon noir n'est pas bien visible. Une fois le contour obtenu, je travaille au trait les parties claires.

②

× J'ajoute les zones foncées. Les traits sont proches et épousent la forme du corps du cheval.

③

× Le support utilisé permet d'estomper. Je repasse au doigt sur les zones précédemment dessinées afin qu'on ne voit plus les traits.

↑ 4

× Il est possible de poursuivre dans le rendu des ombres et des détails. Dans ce cas, il vaut mieux utiliser de la carte pastel, comme sur ce dessin. En effet, elle permet de travailler en plusieurs couches, à fixer à chaque fois. Elle donne un effet velouté, mais est moins adaptée à l'estompe.

↑ 5

Sur un support Canson à gros grain, le résultat est très différent. L'estompe est très facile, mais attention aux taches !

6 →

La sanguine est un fusain fait d'ocre rouge et permet de réaliser des croquis au trait et d'estomper.

Les pastels secs

Avantages

× Ces craies faites de couleurs pulvérisées peuvent s'utiliser de la même manière que les fusains et sont plutôt faciles à manier, surtout en crayons.

× Elles sont très adaptées au mouvement.

Inconvénients

× Très volatiles, les pastels secs ont besoin d'être fixés. Ils sont plutôt salissants et se cassent facilement.

Formats

× Les bâtonnets (plus ou moins tendres) sont adaptés aux grands formats, les crayons pastels, aux plus petits formats.

Utilisations

× L'utilisation dépend du support. Comme le fusain, sur du papier normal, le pastel sec permet de pratiquer l'estompe. Sur de la carte pastel, il permet de travailler le trait ou le hachurage. Les supports plus rugueux retiennent davantage le pigment.

Saut de joie sur papier pastel lisse de couleur blanche

1

× Je décalque les contours de mon cheval vu page 65 sans trop appuyer et essaie dès le début de lui donner du mouvement par plusieurs traits. Je commence par les zones les plus foncées au trait.

× Les couleurs utilisées sont : terre d'ombre brulée, ocre rouge et orangée, ocre jaune, ocre chair, violet clair, beige clair, gris et noir.

2

× J'ajoute les traits de couleurs en allant du foncé au clair.

3

× Je resserre de plus en plus les traits, estompe légèrement et ajoute un fond ocre où des traits sont visibles afin de donner du mouvement. J'estompe aussi les contours du sujet.

Tête de cheval de face sur carte pastel noire

↑ ①

× Cette tête blanche (dont on a vu le dessin page 30) se détache mieux sur un fond noir. La source de lumière vient de la gauche.

× Je commence par repérer les parties claires et décalque, mais cette fois-ci, je trace mon dessin au pastel blanc au verso, puis commence par dessiner au trait en blanc et bleu.

↑ ②

× Travaillé comme le premier exemple, avec des traits serrés en plusieurs couches, mon dessin de la tête de cheval de face aboutit à ceci.

× Sur un fond foncé, je travaille toujours en premier les parties claires. Du jaune clair est mélangé au blanc sur la face éclairée pour le rendre plus lumineux. La lumière rasante du soir ou du matin donne tout son relief à cette tête.

③ →

× Les pastels gras sont d'origine beaucoup plus récente que les pastels secs ; ils existent sous forme de cires de couleur ou de pastels à l'huile.

× Contrairement aux pastels secs, les pastels gras se mélangent mal. Ils ont donc un rendu moins détaillé, mais permettent d'obtenir des effets par superposition et grattage. Ils sont adaptés aux grands formats.

Les encres

Avantages

× Les encres de Chine de bonne qualité ont une excellente tenue à la lumière, présentent un grand choix de couleurs, et offrent un noir intense.

× Elles permettent un travail d'une grande précision.

× Enfin, elles offrent une grande variété d'utilisation : elles s'utilisent comme des peintures à l'eau ou à la plume, ce qui donne la possibilité de travailler également le dessin au trait. Le Rotring permet de se passer de la plume et du porte-plume.

Inconvénients

× La minutie qu'elles requièrent au trait et à la plume demande beaucoup d'entraînement.

× Il est très difficile de gommer en cas de tache. Il faut choisir plutôt du papier bien épais qu'il est possible de gratter.

Formats

× Plutôt des petits formats pour le dessin à la plume.

× Des moyens ou grands formats pour une application au pinceau.

Utilisations

× Au pinceau, elles peuvent donner des effets proches de l'aquarelle. Les pinceaux chinois sont très adaptés. Il est possible de travailler sur des détails très fins en finissant aux pinceaux fins et à la plume sur un support de lavis technique.

× Pour de grands formats, le papier dessin extrafort multitechniques à grain fin est très adapté.

Dessin au Rotring d'un cheval vu de dessus

①

× Je décalque ou reprends mon dessin vu page 58 au crayon HB et en repasse les contours.

× Je délimite les différentes zones d'ombre et de lumière.

②

× Je commence par les parties les plus foncées avec des hachures qui épousent les formes du corps du cheval. Ces hachures se croisent dans les deux sens. Pas besoin de gommer le crayon pour l'instant.

③

× Le contraste est donné par le rapprochement et le croisement des traits. Dans les parties noires, ils sont très serrés. Cette technique demande beaucoup de patience. Une fois le dessin sec, je gomme les lignes de constructions et repères dessinés au crayon.

↑ ④

× Il existe deux autres manières de représenter un sujet au trait : traits parallèles ou points. Ci-dessus la tête représentée avec des traits suivant le sens des poils et représentée avec des points.

↑ ⑤⑥

5. Ce dessin a été réalisé à l'encre noire et blanche sur fond gris.
× Il est également possible de travailler sur des papiers de couleur avec des encres noires et blanches.

6. Voici une peinture au lavis d'encre.
× Le lavis est une technique qui consiste à varier les tons de gris en mélangeant l'encre avec plus ou moins d'eau. Il est conseillé de travailler d'abord avec des tons très dilués, puis d'ajouter par couches successives les tons plus foncés.

⑦ →

× Et voici une tête de face réalisée avec un lavis foncé.

À SAVOIR

➤ La stylisation des ombres est un excellent exercice d'observation et de synthèse. Pour cela, observer la tête de face de la page 89 et ne retenir que les zones les plus foncées. Trouver la forme de ces zones et si besoin les délimiter lors d'un dessin préparatoire au crayon. Ensuite utiliser de l'encre de chine pure avec un pinceau chinois de calligraphie de format moyen. La peinture va très vite puisqu'une couche suffit. Comme l'aquarelle (page suivante), il est impossible de revenir dessus. C'est la préparation qui demande le plus de temps. Faire si besoin plusieurs photocopies très claires du dessin préparatoire.

➤ L'exercice inverse (repérer les zones plus claires) est effectué page 93.

L'aquarelle

Avantages

× Son aspect spontané, ses couleurs fraîches.

× Elle permet de travailler rapidement.

Inconvénients

× C'est l'une des techniques les plus difficiles. Il faut accepter de jeter beaucoup de peintures au début, car elle n'autorise pas à l'erreur.

× Son rendu est moins adapté au poil du cheval que d'autres peintures comme l'huile, la gouache ou l'acrylique, même si l'aquarelle peut s'utiliser exactement comme de la gouache et même avec minutie avec de tous petits pinceaux.

Formats

× Tous formats selon les pinceaux utilisés, sur du papier simple ou papier spécial aquarelle.

Utilisations

× Les crayons aquarellables sont une excellente transition pour passer du dessin à l'aquarelle. À la deuxième étape (voir page 85), ils se diluent au pinceau trempé dans de l'eau.

× Il peut être utile de masquer à la cire blanche (ou pastel gras blanc) les parties que l'on ne souhaite pas colorer.

× Les aquarelles s'achètent en tubes ou en godet. Les premières conviennent à tous types de pinceaux, les secondes sont plus faciles à transporter.

①

Cheval au trot de trois quarts

× Certains sujets aux robes très brillantes et contrastées, comme ce petit cheval bai au trot de trois quarts (vu page 48), ont un joli rendu à l'aquarelle. Une fois les bonnes couleurs trouvées, cela va très vite. Le dessin préparatoire est réalisé au crayon 3H afin que le crayon ne salisse pas l'aquarelle.

②

Cheval de trait broutant

× Pour ce cheval de trait broutant vu pages 77 et 81, j'ai commencé par esquisser le paysage en différentes couches mélangées avec beaucoup d'eau, en débutant par le ciel et les couleurs claires du fond. J'ai petit à petit ajouté les couches les plus foncées.

③

Poulain au galop

× Voici un rendu à l'aquarelle du poulain dessiné pages 26-27.

La gouache

La gouache peut s'utiliser comme l'aquarelle, mais en général moins diluée. La gouache blanche est plus opaque que l'aquarelle.

①

× Cette tête de cheval vue page 30 est réalisée avec une gouache blanche. Seules les parties très claires sont représentées.
× La gouache peut aussi s'utiliser avec des pinceaux chinois pour des représentations plus stylisées qui permettent de saisir l'essence du sujet.
× Avec un pinceau à poils secs, lorsqu'elle est peu diluée, la gouache peut être utilisée en frottis légers, ce qui permet de varier les tons de blancs.

②

× Voici une réalisation faite avec un pochoir et un brumisateur. Une brosse à dents peut aussi faire l'affaire.
× C'est une réalisation stylisée de la tête vue pages 65 et 78.

Les feutres

Les feutres sont pratiques d'utilisation et leurs couleurs vives sont faciles à travailler, mais se mélangent mal entre elles. Pas de nuances donc, mais plutôt des aplats. Ils sont très adaptés à ce projet de vitrail réalisé à partir du cheval de la page 65. Ils peuvent aussi s'utiliser au trait.

LES AUTRES TECHNIQUES
En art tout est possible : on peut trouver toutes les techniques imaginables en dehors de ces techniques traditionnelles, comme le numérique. L'important est de se faire plaisir et de progresser. Des logiciels permettent de réaliser des tracés géométriques sur ordinateur et les tablettes permettent « l'estompe tactile ». D'autres nouvelles techniques ne demandent qu'à être inventées…

Quelques notions d'anatomie équine

Index

Les termes en italique sont les notions géométriques ; le premier folio indique la page où ce terme est défini, et le deuxième celle du premier cheval construit à partir de cette figure géométrique ou celle du dessin qui l'utilise le plus.

Textes, illustrations et photographies de Marie-Odile Colatrella

Directeur de collection : Claude Lux
Responsable d'édition : Coralie Moutat
Conception graphique et réalisation : Claire Guigal
Responsable de fabrication : Claire Leleu
Photogravure et infographie : APS Chromostyle

Le Code de la propriété intellectuelle n'autorisant, aux termes de l'article L. 122-5 2e et 3e alinéas, que les copies ou reproductions strictement réservées à l'usage privé du copiste et non destinées à une utilisation collective, et, d'autre part, que les analyses et les courtes citations dans le but d'exemple ou d'illustration, toute représentation ou reproduction intégrale ou partielle, faite sans le consentement de l'auteur ou de ses ayants droit ou ayants cause, est illicite (article L. 122-4 du Code de la propriété intellectuelle). Cette représentation ou reproduction, par quelque procédé que ce soit, constituerait donc une contrefaçon sanctionnée par les articles L. 335-2 et suivants du CPI.
Tous droits de reproduction, d'adaptation et de traduction réservés pour tous pays.

© 2013, Éditions Vigot
23, rue de l'École-de-Médecine, 75006 Paris, France.
ISBN : 978-2-7114-2213-5
Dépôt légal : septembre 2013
Achevé d'imprimer en Slovaquie par Polygraf.